巧遇見太極

自強不息 厚德載物

休利養德 圓融無限

楊氏太極拳正脈傳承第六代傳人

于祿雲 著

巧遇見太極

傳承發揚

誠如于祿雲老師在楊式太極拳的傳承成就。明 . 來知德大師：「一部易經不在四聖而在我矣。」鄧小平領導所言：「實踐是檢驗真理的唯一標準。」

于祿雲老師自序云：「…… 幼時體弱多病而學習螳螂拳」改善身體。繼續努力導向正確觀念：「深感學武必須專一，心無旁鶩。」「正直」的內心方達理想結果。後因「進入職場」，繼續提升練武的境界，以精、氣、神為基礎，邁向"練神還虛，練虛合道"的大自然規律。繼續「結識好友」「在大陸工作期間，每天與其他住戶晨練，開始學習楊氏太極、推手、站樁等……。」

于祿雲老師後記云：「2000 年 11 月 31 日，因工作出差前往美國，搭上了新加坡航空 SQ-006 班機，沒想到…造成近百人死亡的空難事件，筆者萬幸只有輕度灼傷，內心深感大難不死必有重任託付，學習太極拳陪著我恢復生活軌道，也促成日後推廣太極拳的使命。」

恭喜！賀喜！于祿雲老師遇空難，而完生，真是天意惜

天才。要造福台灣傳承的弟子們。于祿雲老師為中國楊氏太極拳正脈第六代傳人，承牛春明大師、丁水德大師，傳承發揚"自強不息、厚德載物、休利養德、圓融無限"（于老師親訂）為修行宗旨。

于祿雲老師個人優異表現：（舉例）"冥心現形"
  - 2008 / 2009 / 2010 年：杭州國際傳統太極邀請賽
                                    太極刀、劍、拳冠軍
  - 2010 年：香港國際武術大賽，太極刀、劍、拳冠軍
  - 2011 年：新加坡國際武術邀請賽，太極刀、拳冠軍
  - 2015 年：香港國際武術大賽，太極刀、劍、拳冠軍
  - 2018 年：台灣第五屆武術文化節，太極刀、劍、拳冠軍
  - 2018 年：澳門國際武道大賽，太極刀、劍、拳冠軍
  - 2019 年：台灣第八屆總統盃全國太極拳錦標賽
                          太極劍冠軍
  - 2019 年：台灣世界盃武術錦標賽 長青組
                          全能（刀、劍、拳）冠軍

誠如《性命圭旨》第八節口訣之印心"移神內院，端拱冥心"所解釋"冥心"「夫銘心者：深居靜室，端拱默默。一塵不染，萬慮俱忘。無思無為，任運自如。無視無聽，抱神以靜。無內無外，無將無迎。離相離空，離迷離妄。

體含虛寂，常覺常明。」

于祿雲老師天生秉賦優異，加之不間斷的精神，在台灣播種，快速含苞待放。2013 年開始在台灣台北市文山區運動中心教授繼而 2015 在信義區社區大學、2018 於中山社區大學教授。

以上簡短回顧，在于祿雲老師所領導的「台灣軒德太極武藝發展協會」優異成果，再如今年 (2019) "台灣軒德" 四月榮獲第十屆全國港都盃中國武術錦標賽團體第一名、五月台北市青年盃國武術錦標團體第一名、九月第八屆總統盃團體太極刀冠軍、十月世界盃武術錦標賽太極拳組總冠軍。我們不但佩服于祿雲老師的專業，更佩服他的待人接物處事的德性操守。並祝福傳承弟子們圓滿成功。誠如民國太虛大師所言：「志趣相當，千年萬里，如隔毫芒。」

台灣學道老人 楊先生 合十

自序

遇見太極之前

在台灣五０年代，物資相當匱乏的時期，我正好搭上第一波戰後嬰兒潮的列車。為了遠離與藥罐子相伴的童年，因此與武術結下了不解之緣。

早產兒的我幼時體弱多病，經常進出醫院，家裡的經濟負擔也日漸沉重，父親眼看這樣下去不是辦法，便和當時螳螂拳名師徐峰南老師商量，收我為徒弟學習螳螂拳，希望能夠藉由習武改變體質、使身體變得健壯，當時年僅五歲。

習武之初，年紀尚小對學武並沒有太多想法，只知專一的練習，一年之後，原本瘦弱的身軀開始有所改善，進出醫院的次數愈來愈少，病痛也漸漸離開了，這份禮物對我來說，無非是件最開心的事！

螳螂拳的啟蒙時期，好像是冥冥之中上天安排，為日後踏上與「武」相伴的歲月而準備。沒有太多的生活牽絆，我在三位大師兄的指導下，終日沉浸在螳螂拳的世界中怡然自得。學武之後，和過去體弱的自己告別，深感習武必需專一，心無旁鶩，更體會到如果內心不夠正直，最終依舊無法得到圓滿的結果。

繼螳螂拳之後，亦與同窗好友學習跆拳道數年。適逢東南亞戰爭，越南、柬埔寨相繼淪陷後，與輾轉來台的柬埔寨泰拳好手交流，因而學習到泰拳的剛猛，也對長拳或快拳有了更進一步的理解。

進入職場後，學了幾年柔道、合氣道，而漸漸發現剛猛的力道之外，還有一種柔勁、借力使力、隨順從人、四兩撥千金的境界，此等體會讓我在思想上進行了一場革命。由剛強的拳術，進入柔勁的力道境界中，此刻才理解萬物二元，竟有剛有柔、有直有曲、二元對立的那一面，都是相輔相成的。

接觸太極拳之始是與鄰居學習鄭子太極；不巧的是，個人必須前往上海工作，看似中斷，反倒串起了另一段緣份，在大陸工作期間，每天與其他住戶晨練，進入傳統楊氏太極、推手、站樁等 …。

此刻已年過半百，在心境上、思想上、社會閱歷上更加成熟。因此，在修習的過程中，或是心態上都是積極的、正向的，對太極拳強調慢、輕、柔、勻、鬆的特色有深層的體悟。或許是因緣具足、身心成熟，加上持之以恆的操練，退休之際，家師叮嚀弟子返台，將楊氏太極在台灣生根，因而於 2014

年成立「台灣軒德太極武藝發展協會」，盼使正脈楊氏太極拳發揚光大。當年的三位大師兄，帶領我進入武術世界，可惜的是，如今想再見一面，卻早已音訊全無，令我感到不勝唏噓！特別在此頂禮合十，感恩我的師承，楊氏太極歷代師祖，牛春明師祖，丁師水德，以及曾經在筆者學習太極拳過程中給予諸多指導的諸位先進大德。

有感於多數人認為太極拳是老人拳，不願投入變化萬千的太極世界，反而錯過修身養性、強身健體的東方傳奇文化。拜童年「體弱多病」之賜，及早年投入各式武術運動；其中，對於歷史流傳已久的太極拳，深深感受從內而外的蛻變，愈早學習愈能受用無窮，邁向心靜體鬆、成熟練達的身心成長，堪稱是老少咸宜、宜情養性的健康大禮。因此特別撰寫此書，希望讓大家從不同的角度認識太極及早與太極為伍，每個人武出健康、彩色、智慧、靈性…，以及充滿競爭力的人生。

修習太極拳之意境，
除去養生、競技之法，
即是尋出～與天合、與道合、與自然合之法，
其最終目的即為"修行"二字而已。

祿雲

圖 1. 拜楊氏太極拳第五代傳人
　　　丁水德先生為師
　　　與師母盛淑遠女士

圖 2. 楊氏太極拳第六代傳人
　　　丁爾師姐

圖 3. 台灣軒德新春團拜

圖 4. 全國港都盃國武術錦標賽
　　　團體第一名

聯合推薦

丁水德
杭州軒德太極拳館館長

于祿雲先生自幼羸弱多病，投藥無效，其父聞習武可強身健體。歲命於始學"螳螂拳"經年餘，果有起色，後又相繼從學"跆拳道""柔道""空手道"又幸遇"鄭子太極拳"興趣逾濃。因長年經商赴上海終于與正宗楊式太極結下了不解之緣。

太極拳從陰陽哲學為指導思想，吐故納新，導引身心修練之術，集健身、技擊、醫療、養身，開發智慧的綜合作用，國之瑰寶；于先生天資聰穎，修練太極深得真諦，助於筆耕，從不同階層、年齡、婦女、老人角度，深入探索闡述太極療，對心血管系統、神經系統、預防老年癡呆，開發智慧等有獨特奇效。通讀文集，受益非淺，樂以撰文。

于淑華
前新竹看守所所長

「鄭捷怎麼了？」相信是台灣每個人心中仍然存在的疑惑！而在法務部少年矯正單位收容的孩子們，多來自社會高風險家庭，他們的身體成長迅速，血氣方剛，往往因沒有適當教導衍成傷人害己的憾事！

自幼因緣際會精研各家武術，而後獨鍾太極拳的于祿雲老師，不僅文韜武略精湛，並將個人特質轉入身心靈修為，更推己及人，回饋社會。于老師曾經每週從台北往返新竹，在誠正中學與新竹少年觀護所，為這些邊緣少年們上課。習武為引、輔導為主，以亦師亦友的態度，藉由孩子們崇拜武術的心理，教導其正確的靜坐、太極拳，透過武術與太極拳理循循善誘，穩定這些飆風少年浮躁不安的心，更曾經遠赴彰化、高雄去看望孩子們。于老師所教導的太極真是一門可堪驗證的經世之學！感謝您！祝福您！

林建宏
臺北市立聯合醫院中興院區小兒科醫師

跟從于老師學習太極拳是幸運的，雖然只有每周一次的課程，但每次上課都可以領略到老師所具備的武術家由內到外的風範，其內在修為及外在功夫，都是值得我們學習效法的榜樣，老師總是極具熱情且不厭其煩的指導我們動作的重點在哪裡，盡力將他所知道的經驗和知識傳授給我們，他特別強調身心合一的重要，每個太極動作都有發自內心蘊藏的意念，他的指導對於學生總是有很好的啟發，雖然有時無法在大腦裡完整記憶，但很高興老師將多年來累積的教學內容完成著述而將付梓，吾等將可從書裡持續研習老師整理的太極拳精髓，相信對於想深入了解太極功夫的我們會有相當的助益。

翁繩玉
中山社大副校長

在生命的轉彎處，總能遇見最真切與最真實的自我，對
祿雲老師而言，那就是太極的「返樸歸真」。「巧遇見
太極」一書的出版，作者以親身的經歷，猶如讓我們在
健康的十字路口，轉角遇到真愛 — 太極拳。太極拳融合
陰陽虛實、剛柔並濟，過程心靜用意，是一種動作柔和
的武術，姿勢像舞蹈，流程更具藝術。有人說：「人生
不長，別讓心迷茫。」我更感受「人生漫長，要讓身心
都燦爛」。太極的健康人生，透過太極的陰陽與動靜之
間，來打造生命的彩色人生。

陳詠晨
信義社大校長

太極武術是我中華文化寶貴的資產，據傳發源於中國元明期間於大陸河南省，當中融合宇宙運行的萬象變化哲理以「意識，呼吸，動作」為基礎；「以意導氣，以氣運身」其拳法型態優雅，快慢有節，除了健身亦可陶冶性情，早為中外愛好健身的人士所喜愛。于祿雲老師長期在本校及社區當中以嚴謹專業的態度教授楊氏太極課程，不但嘉惠眾多學員並在他的帶領之下經常獲得比賽佳績，極受好評；相信于老師的大作「巧遇見太極」這本書，會繼續豐富並幫助我們更認識太極拳運動的奧妙與益處。

邱居亮
臺灣丘（邱）氏宗親總會 - 常務監事

在我們相識之初您是一家上市公司的重整人，一位紅頂商人、穿梭在兩岸為經濟打拼，在時間的偶然您接觸到太極、並因緣際會的認識幾位太極宗師。開始您的拜師、學習、授課、並創立「台灣軒德太極武藝發展協會」，到大陸各省市和東南亞各國進行巡迴交流表演，比賽、並獲獎得很高的評價。

現今您願意把這個學習經歷和心得載錄於冊，提供後生學子學習的方向，相信會讓更多的讀者深入了解太極文化與人生的關聯、幫助更多的人得到啟發。

黃鯤忠
中華武術總會

太極拳是中華傳統武學文化的瑰寶，也是目前學習人數最多，傳播最廣的一門拳派，惟真正進入太極，真修實練、懂其精髓者卻不多見。我雖出生武學世家，自幼習武，惟造詣不深，但從先父、先師及眾多前輩的教導學習中，讓我領悟到不管從哪個拳種門派修習入門，最後悟透的道理都是相通的，這個道理在太極的系統中，尤為清楚完備。我與于祿雲老師認識時間並不長，但卻一見如故、相見恨晚。第一次見到于老師演練太極十三式 - 八法五步，短短幾招就讓我驚豔，是現今武術界少數具有深厚功底之人，繼之與其相處又發現他為人謙讓而不虛偽、寡言卻有見地，內外修為兼俱，堪稱太極拳界的大師級人物。

此次于老師願意將其習練太極之心得成果，以最淺顯易懂的方式將動靜、陰陽、虛實 … 等太極之「道」，直接融入在人生追求成長、健康、智慧、人際、道德乃至真理的生活過程中，讓後進能易學易懂，傳承前輩先賢之精神，實為我太極之福、國術之福！

于保雲
臺北市中山區副區長
中國文化大學博士候選人

在閱讀上，我很喜歡透過歷史與地理的關聯性，嘗試了解人類發展的軌跡，尤其是人與自然環境的關係，這個世界到底蘊含些什麼？所謂人生，似可意為人類推衍的生生不息，抱一以為天下式，其原點仍為天地，是故天人合一，以致回歸自然。「巧遇見太極」一書從健康保健、太極拳法，以迄太極靈性的內在追求，由外而內漸次闡明天人合一之理，全方位提升身、心、靈的修為，開啟人生的另一扇門，實為兼具強健體魄與內化提升的大作。家兄于祿雲老師自幼展現武學奇才，拳術套路過目不忘，中年後苦習太極拳，成為楊式第六代傳人，並由外在拳法、內功心法轉至太極易理，期間刻苦鑽研，始成今日之大作。期盼「巧遇見太極」一書可廣為傳諸於世，為現代人開啟健康之門，並補闕人們的匱乏心靈，在生命的轉彎處巧遇見太極，開啟人生的另一扇門。

章節一

健康生活

01
右腦開發一極棒

太極拳並非是老年人專屬的養生運動，近年來，不少家長發現孩子缺乏運動，為了鍛鍊體魄，在求學時代便給子女們接觸太極拳。其中，自國小開始學習，家長發現孩子不只在體力上更為強健，連右腦開發也比同年齡的孩童提早許多，可說是學習太極拳的附加價值。

談起右腦開發與太極拳之間的關連，不妨從練拳的過程談起，太極拳講求「慢、輕、柔、勻、鬆」等不同元素，長期練習下來，將有助於開發右腦的潛力，藉此提升孩子們的想像力、創造力，和問題解決能力。

右腦 vs 太極

為何小朋友學太極，在發育的過程裡，對右腦開發有極大的幫助呢？一般來說，右腦的功能可簡單分為想像記憶、超級記憶、藝術表現、快速運算、宇宙波動共振的功能、心靈感應 … 等，又可稱為藝術腦，很可惜人類右腦被開發及運用僅佔 5%，其餘的 95% 都是尚未被探索的世界。

那麼，尚在求學階段的小朋友，利用太極拳道內的長深呼吸、專注，及善念的啟發，再加上「慢、輕、柔、勻、鬆」等各種不同的招式，深刻記錄在右腦的記憶庫內，將有助於活絡右腦。每次在教學過程中，都會教導小朋友利用吸升呼降法，在練習太極拳道的過程裡，當一呼一吸之間，即可產生腦波，這是人體的生理循環中，自然出現的變化。

給小朋友上課時，我都以現今生活的世界來做比喻，使孩子們對於氣的描述有更進一步的認識。心理性能之氣，又可細分成覺知、念力、靈通、第六感 … 等，經由心靈層面的轉化，進而達到右腦開發及訓練的目的。

其次是「冥想」，宇宙的波動是 432 赫茲，人們可用冥想的力量，將自身的腦波頻率調整至和宇宙波動的相同頻率時，在起心動念之間，亦可接收來自宇宙所傳遞的能量。由此可見，東西方文化的差異雖有不同看法，但內在深層的感受都是一致的。因此，當教導孩子們學習太極功法時，腦中的思維必需降低波動、起伏不可隨著起心動念，雖然很難做到無念，不過，倒是可先由停止念頭做起。

由於孩子們的思想單純，透過教導的過程不難發現，若能像修行者的自在形象藉由內求意念的靜止，尤其是拳理、拳法、身形、意念合而為一時，代表身心如一、內外一致，尤其是右腦具有自主性，以圖像化的思考運作，當小朋友的心靜下來，記憶力及思考力相互結合，對於提升右腦開發相當有幫助。

現代人的右腦開發

成年人的生活壓力相當大，舉凡家庭、工作、健康 … 等無所不包，很容易產生焦慮、失眠、抑鬱症等心理疾病，造成人們時常悶悶不樂，做很多事情都提不起勁，長期下來，對於身心健康的影響不容小覷。

心理疾病往往是過度使用左腦、忽略右腦的結果，不少上班族利用清晨時光打太極拳，保持一天的活力充沛，也有助於做決策時的思考判斷。因此，藉由太極訓練右腦開發，不僅有助於提升快樂的程度，更能讓憂慮的心情一掃而空。

學習太極，應抱持著「定其神而靜其心」的理念，在定神和靜心之間即為無爭、無求的念頭，在這理念之下圓

滿達到真善美的意境，進而產生善念、自在愉悦的磁場，不但使個人受益，連身旁的朋友們也感染周邊的愉悦氣氛。

太極講求陰陽調和，平時工作需仰賴大腦透過邏輯、理性及分析計算，每天處理各種繁雜瑣碎的事務，若能養成習慣定期練習太極，至少每周一次達到「放鬆」，不但可化解自身緊張的氣氛，亦培養一顆柔軟心，尤其面對壓力時，柔可將它疏散、邊緣化，讓心變得輕盈自在。

由此可見，當心中種下善根，氣色、行為會隨著學習太極的過程漸漸改變。俗語説：「物以類聚」當聚集善念磁場與諸善眾，不但成就自己、亦成就眾生。對喜愛打太極的中年人來説，時常利用周休二日共同修習，秉持「無極為心、太極為體、心體合一」的無極心，可讓身心保持怡然安住。

實際上，現今人們為了在職場上打拚，經常加班熬夜、交際應酬，經常過度使用左腦的結果，造成長期累積下來的疲勞感，使人越來越失去幸福感！長期學習太極，即可開啟具備圖像化思考的右腦，隨著經驗累積，可養成靜心、體鬆，達到身心平衡的效果。

不妨抽空讓自己沉浸在太極意境的世界裡，為心靈帶來能量的加持，右腦就像感性的女人，對於音樂、藝術、靈感、直覺有充分的敏銳度，唯有透過循序漸進的練習，不疾不徐方可提升右腦的智慧結晶，對於生活品質，帶來豐沛的精神食糧。

再忙也要給身體呼吸的喘息空間，讓太極成為生活的一部份，才能常保熱情、活力、喜悅，也有助於促進學習效率、幸福指數的直線上升！

學太極不靠背誦

中國人在求學過程中，大多以記憶、背誦來學習課業，對於圖像化思考較沒有經驗，每當教授太極拳時，卻反其道而行，學員若依賴記憶招式名稱，往往容易事倍功半，不妨運用右腦圖像化的學習模式，對太極拳的精髓將可融會貫通。

每次在教學中，並不會鼓勵大家採用背招式的方法學習太極拳，運用圖像來記憶，更可輕鬆自在的行拳。

02
青少年轉大人

小朋友學太極拳，近年來已成為家長心目中的新選擇，相較於籃球、躲避球、排球 … 等校內常見的體育課程，這些講求快速、刺激的運動，使孩子容易造成運動傷害，反觀學習太極拳的最大好處，在於舒緩而不失律動、安全亦達到熱量消耗，贏得不少孩童的喜愛。尤其進入青春期以後，不少男生、女生在發育過程中所出現的不適症狀，例如冒痘痘、發福 … 等，皆可透過太極拳的長期練習使諸多現象得到改善。

健身兼顧靜心

很多發育中的孩子，尤其是體重過胖的小朋友，平時外食的機會大增，而容易養成暴飲暴食的習慣，接觸太極以後，對於靜心、定性有很大助益，在飲食上也較易節制，進而達到體重控制的目的。

太極拳強調深層呼吸，一般而言每天練一至兩小時，清晨二氧化碳尚未完全轉化，較建議在太陽升起時練習，最晚不超過晚上九點是練習的最佳時段。

每當練完太極拳以後，由於消耗大量的熱量，肚子很餓時，最好不要運動後立刻進食，而是間隔約半小時以上！小朋友在發育過程中，養成良好的習慣可為健康打下深厚的基礎，否則，運動後立即補充熱量會造成運動的效果大打折扣，反而得不償失。

由於孩子們的心性未定，加上課業壓力大，很可能在此階段造成行為偏差，若是夫妻上班的雙薪家庭，家長把子女交由祖父母照顧，年邁長者以溺愛的方式教育孩子，久而久之，寵愛過度往往造就有公主病的小朋友，一旦得不到喜愛的事物演變成情緒失控時，很容易成為課堂上的頭痛人物。

青少年精力旺盛

過去輔導過一群中輟生學習太極拳，常常因年輕力盛、意氣用事，偶而發生打群架的狀況，這些被稱為「小屁孩」的青少年，只因小事而爆發肢體衝突，為了使他們別再以暴制暴，便以太極拳的「靜」來感化這群涉世未深的孩子，陪伴他們度過成長的青澀時光。

這群「轉大人」的青少年，實際上本性並不壞，卻很容

易受到一時的衝動，造成一群人扭打成傷、好勇鬥毆而渾身是傷、滿臉豆花。太極拳強調以柔克剛，是化解脾氣、降低衝突之道，和想法單純的孩子們交流時，需要用他們了解的語言來溝通，秉持教太極拳不能太高難度，比他強一點、又不能太強的原則，使孩子們從練習的過程感受到進步，持續的鼓勵、恢復自信。

由於太極拳可活絡筋骨、減少疾病發生，在青春期的少年階段，可藉由團體教學增進彼此交流，進而提升人際關係，促進正面思考的力量！這群少年看似小霸王，在學習過程中端正心性，有助於調整行為偏差，時間久了，漸漸改變暴戾之氣。

教孩子太極拳時，也不忘陪伴他們聊天，進入孩子的情境與他對話，才能協助他們學習冷靜。由於太極拳的特色是柔中帶剛、剛柔並濟，從互動中學會控制情緒，亦從動靜之間調整方向感及動作細節，體驗同儕之間的團隊交流，展現互助、互惠的學習精神。

青少年在成長的過程中，很容易產生挑釁的行為！此刻，不妨循序漸進地教導他們太極拳的基本功，轉移注意力及旺盛的體力，例如動作簡潔有力、招式熟練沉穩等，使衝

突化為體能的相互較勁，轉換成正面思考的不凡價值。

培養自制力

意念從呼吸開始，不少孩子由於成長的過程缺乏信心，做事容易情緒失控、不專心，在團體中練習太極拳，當大家相互切磋交流，從技巧生疏到純熟，也不易發生抱怨、嫉妒等問題。

學習武術不只是學技巧，更能修身養性，若在同儕之間指導其他同學，可改變自以為是、心高氣傲的信念，從教學相長的經驗中，養成謙卑的態度，「做中學、學中做」，當孩子們明白一山還有一山高的道理，從一招一式感受到力量的來源，在團隊裡包容、接納彼此的優缺點，落後的孩子不會自暴自棄、優秀的學生也不會驕傲自誇，分享學習經驗反而更能相互提攜，同步成長。

多年授課的經驗，在少年感化院與一時迷失十六、七歲的孩子相處，必需引導他們達成說得到、做得到的願景，才能從進步中找到成就感，當性格日漸成熟，即可在不疾不徐中做出正確的決定，也間接培養自制力。

自制力養成從意念做起，當意念集中在呼吸時，有助於心到、手到、口到、眼到等，連續深呼吸三次之後，心情逐漸平和下來。藉由此刻的靜心，回顧檢視自我的言行及承認所犯的錯誤，若下次重來該怎麼做才會更好？想清楚面臨的後果，經過深思熟慮之後，便不會重蹈覆轍。

青少年轉變成大人，也是心智成熟發展的重要歷程，善用太極拳鍛鍊心智，將可在紛擾中淡定地做出正確的判斷，而不會隨著心情起舞，執行錯誤的決策。這股從修身養性中培養的「武德精神」，在未來的人生、待人處事上受用不盡。

03
上班族低頭族保健康

科技文明的進步，為人們的生活帶來了巨大改變，智慧型手機、社群網站、通訊軟體百家爭鳴，使疆域不再有界限，在都會區裡的各個角落，放眼望去都是低頭族，對視力造成一大威脅，長時間使用 3C 產品的族群，更需要藉由太極來「養眼」一下囉！

隨著 3C 產品日新月異，很多人玩遊戲打發時間、宅男宅女上網購物而足不出戶，也有粉絲們在線上追蹤藝人的動態，下載收聽影音商品，當長期坐在電腦前成為「麵龜族」，對不愛運動的人而言，建議先從太極拳入門，從輕柔的律動中體會運動的真諦。

保健眼力，消除疲勞

當眼睛感到酸澀、疲勞，或長時間使用電腦，導致廢寢忘食者，此刻不妨休息至少十分鐘，畢竟，過度吸收資訊的結果，容易使腦部感到無力招架，練太極的好處在於眼觀遠方，適度緩解近距離緊盯螢幕的疲憊感，也能有效地讓腦部得到喘息。

由於太極拳不限場地、不限人數，隨時隨地皆可展開練習，因此，若上班族感到眼睛痠澀，除了活動筋骨，亦可趁空檔時練習「眼觀四方」，以手指來回輕壓按摩眼部周圍的穴道，即可有效地舒緩眼睛的壓力。

只要電腦打累了，利用兩手搓熱，讓暖流敷在眼皮上，利用雙手手心，使眼睛感到放鬆、舒適，再慢慢張開雙眼，在面對資訊爆炸的時代，才不會感到那麼疲累。

練太極，目光會隨著手勢的動作而前後延伸，適度地轉移注意力，改善眼部疲勞的症狀，使眼部周圍的細紋、眼袋及黑眼圈慢慢的減輕。

改善全身痠痛

使用電腦很容易造成運動量不足、肩頸痠痛，想要達到活絡筋骨的目的，需要經由練太極來健身，在運動過程中，可延緩身體細胞老化，藉此排出體內的毒素、促進新陳代謝，有助於舒緩上半身的痠痛壓力。

在辦公室動腦一整天，面對忙碌的工作壓力，可經由「左顧右盼」的招式，舒緩頸部僵硬的情形，運用呼吸搭配

頸部群的充分伸展，改善睡姿不良、落枕、脖子僵硬、氣血不順 … 等症狀，使頸部的壓力得到充分的釋放。

長期久坐，為了避免下半身的血液循環不佳，進而產生腳痠腿麻、姿勢不良的情況，此刻不妨調勻呼吸，放鬆全身肌肉方可避免腿部抽筋的現象，增加腿的張力，也強化血液循環，藉此改善痠痛，同時提升平衡感。

貓咪的腳步穩重、輕靈，動作都相當優雅，令人值得學習，學太極的人，一定要保持放鬆，才能使身體變得輕盈。俗語說：「因敵而動、隨屈就伸」，腰是全身的中心點，學太極保持健康氣色的秘訣，即是從虛實、陰陽、開合之間，透過腰的伸展來維持全身的平衡。

健腦紓壓活絡筋骨

過度依賴網路的結果，極易和現實世界脫節，尤其一旦停電或沒有網路可使用時，生活簡直是寸步難行，身體宛如僵硬的化石。不妨走出戶外學太極，使大腦神經融入動作之中，體會剛柔並濟、兼容並蓄的太極之美。

太極拳是一項兼顧大腦開發、肢體及兼顧筋絡的運動，對於長時間坐姿不良、習慣性駝背等症狀，只要有恆心，即

可讓背脊更加挺直。經由緩慢仍有固定節奏的動作，使呼吸及心性都保持放鬆平穩，長期習拳的專注力及免疫力都會比一般人高。

現代人雖然生活便利，遇到工作、家庭、健康、人際關係…等不同課題，也承受不小的壓力，卻不太輕易表達自己的情感。以工作能力強者為例，經常為求好心切，很容易將對事業期許的壓力，加諸在對方身上，造成雙方的關係相當緊張；擅長賺錢的人，對品味生活不一定了解，卻只會用名牌來堆砌自己的身價；至於人人稱羨的人生勝利組，雖然在各方面表現優秀，不過，卻不見得能調適心情。

在競爭激烈的時代，學會自我調適及減壓，才不會使身體及早亮紅燈，正所謂「留得青山在，不怕沒柴燒。」近年來，學習太極拳的年齡層日漸下降，突顯出中國老祖宗數千年的智慧，正快速地在不同族群的角落流傳，從白髮蒼蒼的銀髮族到烏黑秀髮的學生族群，都是太極拳的愛好者。

太極拳以「心靜體鬆」為主要特色，展現一動全身動、一靜全身靜的律動，既協調又不失美感，若想體會陰陽兩極的和諧，展現自在的神情，常練太極，將在舉手投足之間，體會輕、柔、靜、美的底蘊。

04
女性凍齡新妙招

不少女性認為，學習太極拳並不像有氧運動，以為強調柔、鬆、慢、輕的太極拳，似乎可能造成小腹變大，或練就一雙象腿，其實，這些都是對太極拳的誤解。

從事多年的太極拳教學經驗，其中令不少女學員困擾的，莫過於肚子、大腿是否會練出肌肉呢？實際上，骨骼發育從三十歲以後漸漸走下坡，如果沒有適度鍛鍊身體，將會加速未老先衰的現象，而太極拳不但可延緩老化，連皮膚亦保持光澤彈性呢！

告別小腹婆的秘方

吸升呼降法則是要求大家做到丹田內氣充實，尤其當使出勁時，必需氣足、腹部結實，此刻小腹自然會突出，由於氣足藏在丹田之間反覆練習，造成一收一放的鍛鍊，加速腹部肌肉的緊實，完全無需擔憂肚子愈練愈大的窘境。

相較於「小腹婆」的煩惱，另一項困擾的是練太極拳是否讓「美人腿」變成「象腿」呢？由於太極拳以柔出擊、

蓄勢待發、身體放鬆，以腰為圓軸，當腰動一圈全身都動，整個人從上到下，手腳律動相當和諧，長期下來，不只肢體勻稱、輕盈靈巧，對女性修飾身材的均衡發展也大有助益。

氣質、美腿都兼顧

很多女生誤以為，練太極拳會造成腿部的肌肉發達，其實不然，從各招式的鍛鍊中不難發現，腿部訓練是從內到外、全方位的運動，使腿部線條越練越健美，也提高雙腿的功能，如能轉換到雙臂，透過旋轉的活動力量，亦可避免蝴蝶袖的發生。

太極拳牽動腿部的每個環節，使骨骼、肌肉群、關節得到有效且綜合的鍛煉，有別其他激烈的運動，只訓練腿部肌肉的一部分；全面性的下半身律動，對於提升女性朋友的自我魅力，將是一大加分。

正所謂「一動無不動、一靜無不靜。」太極拳講究以靜禦動、明察秋毫，時間久了，自然養成謹慎小心的做事習慣；每逢緊急狀況來臨時，也不會過於慌張、急躁，養成以不變應萬變的態度，長期練習可鍛鍊冷靜嚴謹的心理素質。

太極拳對女性而言，蘊含豐沛的哲學思想，長期練習下來，易散發內斂典雅的氣質，展現出亭亭玉立、體態輕盈的溫柔，不論多大年紀，女性皆可展現嫻靜淡雅、沉靜穩重的風範，散發女性的柔美魅力。

俗語說：「能靜方知動。」太極拳具有修心養性的功能，並不光是一種簡易的運動罷了，若能成為生活的一部份，這一套需要心法修煉的內在功夫，對於想提升「內在美」的女性而言，可說是動靜皆宜、增添氣質的最佳法門。

練太極打造凍齡肌膚

女性想維持肌膚健康，運行暢通和氣血盛衰都會造成直接的影響，長期鍛鍊太極拳，當動脈血管獲得放鬆和擠壓時，有助於促進新陳代謝，加速血液的運行，由於經絡暢通，可得到靚麗容顏的效果，肌膚亦展現青春光彩。

對任何愛美的女性來說，時常由於生理因素，造成氣血不順，例如內分泌紊亂，貧血、腎虛等症狀，導致未老先衰，對追求青春常駐、健康滿分的女性來說，練習太極拳是優質首選。

激烈的運動，往往容易造成肌肉傷害，隨著年紀的增長，皮膚張力下降，很容易出現毛孔粗糙、靜脈曲張、肌肉鬆弛的現象，此刻更應勤練腿部的肌耐力，才能防止老化現象從雙腿露餡了。俗話説：「人老先從腿上老。」正是這個道理。

俗語説：「不靜不知動之奇、不動不知靜之妙。」練太極拳能暢通經脈、調養血氣，是合乎生命規律的全身性運動、保養方式。

05
富貴病的頭號殺手

隨著時代的進步，人們的生活水準提升，伴隨而來的交際應酬愈來愈多，當三餐加宵夜的豐富盛宴，成為日常生活的一部份，長年下來的菸酒不忌，造成未老先衰的現象；因此，藉由學習太極拳改善富貴病的症狀，即可保持健康、心情也會隨之轉換為樂觀、積極、進取的心理。

隱隱作痛，胃痛好煩惱

時常感到胃痛的人，除了飲食方面應多注意，龐大的精神壓力，也容易造成胃部發炎、疼痛或脹氣。若能養成良好的飲食及運動習慣，將可舒緩肚子不舒服的症狀。

很多人上午趕著上班、上學，經常來不及吃早餐，早上五點到七點是大腸經，養成生理定時排泄的好習慣；上午七到九點辰時是足陽明胃經，吃早餐有助於腸胃消化吸收，帶來一天滿滿的能量，再加上暖暖的太極拳操練，宛如進行體內排毒，使腸胃舒適恢復元氣，讓大家擁有健康滿分的早晨時光。

解開心結，揮別憂鬱症

科技不斷進步，人們的生活步調加快，當競爭日漸激烈時，無助、空虛也正侵蝕著心靈；在節奏飛快的都會區，難免受到長官責罵、偶爾被朋友欺負、負面思考模式、依附關係的失落、孩提時期的創傷經驗、挫折的人際關係 … 等，在在都影響著人們的情緒起伏；當心理影響生理時，包括疲累、失去活力、注意力減退、體重下降，或自殺意念等症狀陸續出現，造成憂鬱症人口與日俱增。

太極拳至今流傳數百年，很多老人家在長期練習下，維持身體的流動性、平衡性和柔韌性。儘管對憂鬱症患者在療效上沒有定論，太極拳講求陰陽調和，是全面性的身心療法，對於舒緩情緒失調有所助益，相較於西方常以藥物治療來控制病情，不但價格昂貴且成效有限，反觀太極拳令人感到和諧，簡單易學的招式，使憂鬱症患者藉此提升專注力、心情轉換，也不易陷在失去興趣或喜樂的情緒裡。當太極拳成為生活的一部份，時間久了，逐漸走出不愉快的陰影。

拋開心浮氣躁，躁鬱症拜拜

科技改變人類的生活模式，這幾十年來，不論手機、筆電、平板等產品推陳出新，也朝著人性化、輕量化、自動化及精緻化的方向前進。人類享受高科技的方便，亦造成健康危機及負面能量，以躁鬱症為例，初期無法由外觀察覺，若沒有及時處理，對該症只會繼續加深。

在三〇年代，躁鬱症是一般人俗稱的神經病，實際上，卻是精神、狂躁與壓抑產生的極端精神異常失調症，躁鬱症的患者，經過不少研究單位深入探討，大約歸納未能確定發病的原因，一是先天基因而產生，二是根據後天的生活壓力、工作氛圍或不同環境因素所導致的病症，若早期或中期發生時，可經由太極拳來修習靜心，隨著放慢調理呼吸的次數及平均速度，治療煩躁的心情，不停地轉念，清淨以平衡躁進的念頭。

為何太極拳能降低躁鬱症的發生呢？因為修習的過程中，依照「心靜、體鬆」的原則，在基本的功法下，心境的起伏波瀾也不會變大，行拳中產生的正能量磁場也不停地增強加大，當正向能量不停地增加、負能量相對衰減時，自然而然地心境較不易隨著外境大起大落，內在的起伏也會漸漸減少而趨於和緩。

當身形漸漸鬆柔，心性也變得清淨，經過不間斷地練習，將可受益良多。修練者可從舒緩的太極拳功法，感受到身體的正能量提升。

還在數羊嗎？

現代人的生活壓力大，加班、熬夜、過勞等現象時有所聞，加上家庭、健康、感情…等各種因素，經常帶來程度不一的情緒困擾，造成半夜睡不著、睡眠品質不良、淺眠…等現象陸續出現。有不少學員指出，多年來飽受失眠所苦，隨著定期練習太極拳，使睡不好的窘境得以漸漸改善。

中醫認為，練太極拳，可調節內分泌系統，也能改善體虛腎虧引起的失眠、多夢等症狀，很多睡眠品質不佳的人，時常出現火氣大的毛病，常練太極拳可打通脾、肝、腎等經脈，在吐納之間，保持身心協調、心情平靜、不急不徐，改善平衡體內的陰陽。

透過太極拳來提升精、氣、神，對於治療神智不寧、健忘失眠、神經衰弱…，可得到幫助，使緊張的精神狀態恢復平靜，使身心各方面維持穩定的平衡、和諧。

加強通體舒暢，便秘不再來

每天朝九晚五的上班族及經常久坐少站的人，很容易引起功能性便秘、習慣性便秘、老年人便秘 … 等，經由腹式呼吸法來練習太極拳，當改變腹腔壓力時，血液回流的速度加快、胸腔的負壓增高，當腹內臟器加強活動量時，亦促進消化道的消化吸收功能，改善消化道血液迴流、當腹腔壓力有規律地增減，加強腹內的臟器活動，防止便秘。

練拳時，內臟按摩可藉由腰部的扭動來相輔相成，鍛鍊胃腸也能增進食慾，增強對胃腸運動進行良好的神經調節，才能加強消化及胃腸蠕動，太極拳可有效改善多年的便秘困擾。

現代人性子急、凡事講求速成，反觀太極拳則是以慢取勝、以柔克剛，經由放鬆筋骨來舒緩胃痛、憂鬱症、失眠、便秘…等症狀，不過，任何症狀想改善都需要時間的累積，使身體養成新的習慣至少三個月以上，才會漸漸看見效果。

任何事情都必需持之以恆，唯有把太極拳當成生活的一部份，不間斷地持續練習，不同的技法招式，皆可達到爐火純青，才能改善體質遠離富貴病的威脅。

06
與慢性病和平共生

長期練習太極拳，不但對排毒、瘦身有益，還有助於預防慢性病，尤其是一些年紀較大的學員，通常都有心臟衰竭、慢性阻塞性肺病、骨關節炎、癌症、高血壓...等慢性病，經由定期太極拳的溫和調理，雖然不能對重症得到解脫，對於改善慢性病的症狀及在治療過程中，對體力的保持可以提供相當的功效。

太極拳是源自於中國古老的運動，其中有不少文獻記載著，在儒、道哲學中的太極，它以陰陽融合成為終極、單一、和諧的方式，以陰陽辯證之理念的核心思想，經由循序漸進來改善症狀，得到不少深陷慢性病所苦的患者支持。

慢性病患者的福音

比起其他運動，太極拳更能改善慢性病患者的生理和心理狀況，例如呼吸控制、精神集中、姿勢對齊、平衡和諧...等無所不包。長期練習太極拳，運用呼吸、調息的過程，有助於人體五臟六腑的功能協調，也能調節內分泌系統，

有助於提升免疫力。練習過程中，由於骨骼肌肉的週期性收縮及舒張，可增進血液循環，當心肌供氧量足夠時，心肌營養增強，收縮功能提高，促進內臟血管擴張，若血壓下降時，可防止心血管疾病發生。

太極拳建立在動作緩慢的基礎下，又被喻為低強度的體力運動，包括癌症、高血壓和關節炎等慢性病患者，都能藉此運動慢慢地改善症狀，更是一大福音。

以高血壓為例，打太極拳在舒緩的過程中消耗熱能，在靜心平衡的律動下，將體內垃圾藉由排汗至體外，而不亞於刺激性高的體力耗損，必需藉由大量的運動達到體內代謝，不少人常去健身房，氣喘吁吁地在跑步機上「奔馳」，揮汗如雨所消耗的熱量，並不一定比練太極高。

相反的，高血壓患者若為了消耗熱量而進行大量運動，很容易造成血壓忽高忽低，而太極拳因動作舒緩，讓患者達到體內排毒、代謝極佳的雙重效果，血壓維持在恆定的狀態下，心境不易起伏，有助於改善高血壓的症狀。

太極拳強調鬆、柔、輕、慢，有別於其他健身運動追求又快又準的標準，一樣能達到消耗熱量的目的。每當一

大早起床，練習太極拳可常保身心平靜的狀態，進而建立健康的生活習慣，久而久之，當作息變得穩定時，血壓自然亦可維持在穩定的標準範圍內。

尤其是高血壓的高危險群，更應維持正常的生活習慣，使太極拳成為生活的一部份，讓身體定期排毒、排汗、排宿便 ... 等，不再因為上班而打亂了生活作息，而是使體內恢復原有的生理機制。

由於老年人患者通常不止罹患一種慢性病，因此，當太極成為銀髮族日常生活的一部份，可減緩骨質流失的疏鬆，降低老年人跌倒而導致骨折的風險。

西醫證實有益減緩病痛

不只是慢性病，可經由太極拳來舒緩症狀，曾有學者以運動醫學的角度分析，太極拳是少見的全方位運動，也沒有年齡限制，對訓練累進時間、強度、心肺耐力、肌肉鍛鍊 ... 等都有幫助，訓練小腿、大腿和腳掌肌肉可經由半蹲姿的練習，當重心轉移、單腳站立 ... 等，對於增強平衡的能力有極大助益。

太極拳的動作必需心念集中，以緩慢的速度分解運動的軌跡，藉由動作重新排列組合，像巴金森氏症動作障礙的原因在於大腦內的某部份細胞毀損，太極拳可藉此活化僅存的腦細胞、激發潛能，此一研究結果，使台灣的醫生深受鼓舞，自行設計簡易的太極拳，為巴金森氏症患者一同坐著或站著揮舞手腳，使動作障礙的病患皆得到改善。

醫師曾針對嚴重的膝關節炎患者，協助患者練習伸展運動和太極拳，發現可緩解慢性的疼痛，改善身體的功能，是飽受膝關節炎所苦的病患一大福音。

已有千年歷史的太極拳，從西方人的各項醫學實驗證實發現，長期練太極者，在動作協調及方向控制的效果最好。澳洲已將太極拳納入疼痛控制課程，做為緩解患者慢性疼痛，連美國加州醫院也列入太極拳課程，在歐美，皆將它列入成正式的復健項目。

中醫看太極

人的臟腑器官依照五行分類，在中醫觀點裡，五行之間都是相生相剋，彼此之間如金生水、水生木、木生火、火生土、土生金，可見任何事物都不是單一事件，從相

剋、相生的運轉過程裡，保持彼此的協調平衡，器官亦可透過五色食物來保養。

以「金」為例，人的語言聲音，大多從肺氣鼓動而來，金屬有聲音，所以金代表「肺」；「木」是舒展很有勁，有擅長疏洪流洩的特性，因此，木是指「肝」；水和火相反，「水」分通過三焦經，從膀胱排泄，古人認是由腎臟來主導，當腎臟正常排尿也沒太大問題，由此可見，腎臟又稱為「水臟」，水也代表腎。

當火燄向上時，從生理機能來看，心向上於舌，如果舌尖發紅又感到痛、臉部有紅、赤 … 等現象，都屬於心火上炎，「火」代表心；人能生存，全靠飲食營養，需要脾胃消化，土地是萬物之母，沒有土也不能生長萬物，土代表「脾」。

不只是西方觀點備受關注，中醫早早就證實，太極和五行的關係息息相關，太極拳可幫助經絡的氣血運行，有助於活絡五臟六腑，對運行任督二脈也有實質助益。由於生病者容易氣滯血瘀，時常練習有助於氣血循環，加上意念專注則能靜心、定心，使身心靈得到全面提升。

練習太極拳對疏通經絡有相當大的助益，達到身、形、

意合一的境界，由於動作緩慢，可做為抵禦病痛、提高自我修護、維護身體機能的能力！藉由手腳伸展、腰部旋轉，可對全身的穴位按摩，亦可去除雜念、有效地緩解病痛、重獲健康。

透過長時間的練習，太極拳能夠預防並治療各種疾病，亦可延年益壽，總而言之，它是祖先留給世人的珍貴禮物，連西方人都愛不釋手，期盼現代人將它與科學結合，將它修心又修的美好發揚光大，普及至每個族群。

章節二
彩色人生

01
提升陽光正能量

常練太極拳，不但能使身體感到神清氣爽，亦可改善姿勢不佳，長時間處在呼吸、心性沉穩的狀態下，讓雜亂的思緒安定下來，經由呼吸來轉移注意力，隨時隨地皆可掌控情緒和行為。

在公園，常看見老人練太極，他們像重返校園般，在樹蔭下自成一班，隨著老師的肢體動作，不急不徐地揮舞著各種招式，在艷陽高照的上午，只見這一群長者像藝術家，從舉手頭足之間展現太極的自在。

太極帶來正能量

現代人工作壓力大，文明病層出不窮，從高血壓、結石、脂肪肝、糖尿病 ... 等，一直威脅著人們的健康。生活在節奏快速的都會叢林裡，不少人以學習太極拳，做為養生之道，從放鬆身心的過程中，體驗到一股能量在意念、呼吸之間來回流動，這股輕柔的力量讓身體保持輕盈，各種雜念也趨於平靜，亦是提升正能量的最佳時刻。

從教導學員的過程中，發現太極拳之美，就像是脂粉未施的少女，自然而不做作，看見他們的身體漸漸放鬆如麵糰般柔軟，深刻體會到陰陽之間的生命內涵，學會如何在虛實之間保持平衡，更有助於決策思考、靈感啟發，這一切在太極拳教學經驗中的收穫，即是帶來源源不絕的正能量。

太極拳講求陰陽，代表著左右成對、上下成雙，使身體保持平衡，全身維持著穩定的律動感，在虛實之間，若是繃緊無法持久，唯有不著痕跡地保持放鬆狀態，才能站得久，走路才能像貓咪般靈巧，如果身體僵硬，怎能同時保持輕鬆又穩重呢？由此可見，練太極時必需做到精神集中、心靜體鬆，才能使各器官的含氧量相對提高，練習之後得到愉悅輕鬆的心情。

過去大家都努力拚經濟，因而感到精神緊繃，學習太極拳可經由訊息傳遞、意念，呼吸等方式，使頭腦及身體保持和諧，反而以輕鬆的態度過日子，生活才能創造更多精彩的火花。

由此可見，當工作壓力感到無力負荷時，不妨從太極拳調整呼吸，保持情緒穩定，達成調整經絡、通體舒暢的

效果。隨著「身」、「形」、「意」合一，有助於滋養
臟腑、調和陰陽，長期對維護身體機能有相當大的幫助，
可改善生理的功能，亦可去除雜念、調整心態，甚至預
防疾病、延年益壽。

長練氣血通

當學員們在課堂上一起學習太極拳，帶來正能量的磁場
氣氛，大家相互交流學習心得，也帶來正向的健康思維，
從飲食、運動和生活作息三方面調整體質，保持心靈平
靜，加上意念及呼吸，使大腦充分休息，對於神經衰弱、
失眠、高血壓等都有很好的改善效果。

不少老年人患有骨質疏鬆症，只要身體不平衡，極易
跌倒造成骨折，若能時常練習，即可提高平衡能力，
因為在練習的過程中，經常受到重心交替轉換，也提
高了各部位的肌耐力，同時增加腿部的承受力，使骨
骼變得堅固。

很多年長者一談起太極拳，就像打開話匣子，感到最大
的收穫是「神清氣爽」，怎麼說呢？包括脖子、腰及脊
椎等三部份，當念頭很雜亂時，注意力大多不會集中，

反而是頭昏腦脹、胡思亂想，若脖子僵硬，便會發現頭和身體之間就像平行線，往往不聽使喚。當脖子、腰、脊椎保持放鬆時，就像一條彈簧，令人覺得神清氣爽，若脖子放鬆，頭和身體也會跟著轉動，當兩者合而為一，便不會跟著牽制，形成相互拉扯、互相抵抗的情況。若想促進身體末稍的氣血充沛，練習太極拳時，不妨放鬆手腕，當手掌立起時，手肘放鬆會使手臂合在一起，肩膀即跟著放鬆，如果天氣冷、緊張或高興都容易聳肩，代表上半身常處於緊張的狀態。反觀下半身放鬆，從收臀、鬆膝、鬆腳踝做起，便不會把身體的重量壓在大腿和膝蓋上，使臀部和脊椎成為一條放鬆而堅挺的曲線，使身體保持端正，亦感到輕鬆自在。俗語說：「不靜不知動之奇、不動不知靜之妙。」練太極拳能暢通經脈、調養血氣，是合乎生命規律的全身性運動、保養方式。

維持年輕的秘方

年長者多年練習太極拳，氣色看起來相當紅潤，他們已達到「行散而神不散」的境界，當身體放鬆在練氣、練意的基礎下，太極拳的鍛鍊強度可隨個人的能力而定，達到有利於生理規律及動作的融合，因此，練習多年心境起伏不大，當身心感到愉快喜悅時，自然也會保有好氣色。

剛開始練習太極拳時，消耗熱量促進排汗、排尿 … 等，有助於新陳代新，慢慢調整生活習慣，脂肪肝、記憶力衰退、便秘、虛胖、關節不好、便秘、痔瘡 … 等文明病的困擾得到減緩，讓恢復健康一點都不難。

學習太極拳要把它當成長期夥伴，而不是特效藥，千萬不要抱持速成的心態，當身體恢復原有的良好機能，才會感受到其中的細部變化，其實，最重要的是持之以恆，想維持年輕體力，自然也能水到渠成。

02
習武兼習防身術

人體是由大腦、心臟、肌肉、骨骼、神經、血液等組成，其中包含體溫、血壓調節系統，由於人和大自然關係密切，四季變化都會影響體溫，經由增減衣物使體溫維持在正常範圍，常打太極拳有助於身體散熱與維持熱能，亦是體溫保持恆定的功能，亦達到陰陽平衡，在舉手投足之間，太極拳雖然強調「心靜體鬆」，實際上，練完幾乎是全身出汗，完全不輸給活動量大、耗氧量強的有氧運動。

常練太極拳的人，將會使全身「氣血暢通、百病不生；腎氣充足、百病消除。」與中醫學提到的八卦、五行生剋變化的理論一致，也和「陰陽學說」有異曲同工之妙。

修身養性得長壽

在公園氣定神閒地打太極拳，我們不只是修身養性、強健體魄，而是與大自然交換訊息，交換是一種很自然的現象，例如人與人、人與動物或花草植物、人與天地之間，彼此都不會受到大腦的影響，也不會受到任何條件限制，無論

是強弱、遠近，當自然界與周圍環境之間，形成一股正向循環時，自然能夠延年益壽。

太極拳會幫助人們有選擇性促進訊息交換，使人保持在健康的狀態，尤其是練拳時，使身體周圍感到自在舒暢，練習時易感到精神煥發，這些都能顯示出一旦心情好，便能使血液、氣體代謝產生變化，也能活絡生理機能，提升祥和、喜悅的感受，使病人即使承受病痛，也不會感到孤單沮喪。

制敵取勝防身術

太極拳防身的效果在於制敵取勝的手段，依靠陰陽變化的原理，由於陰陽本身是個圓圈，內含如心理學、物理力學、運動生理等，在這個動靜之內，可說是「超其象外，德其寰中」，代表了真正的修為是剛柔、動靜、陰陽、虛實等變化，只在轉眼之間。

面對敵人任何招式，則有一定的應對方式，這即是掌握動靜的規律，正所謂「靜中觸動動猶靜」、「動極返靜靜生動」，代表面對敵人時，不但要手腦並用，且需靈活地運用陰陽變化來應戰，也要有見機行事的行動力、

隨機應變的反應力，才能轉換出無窮無盡的不同招式，使對手難以招架。

從太極拳的防身概念中，陰陽之間相互抑制、也相互牽動彼此，在一動一靜之間，防止外來對自身的一切干擾侵襲，避免受到無謂的傷害。由此可見，在防身過程中，不妨採用視靜猶動、靜以待動、視動猶靜、動以生靜 … 等策略，並根據「陰陽哲理」活用的結果，了解宇宙的運動根本，在於一切事物的變化規律。

在太極拳中，陰陽變化顯而易見，由於一切變化都有正反兩極，在自然界的兩種對立如凹凸、圓缺、斷續的現象。有句話說：「太極從無極而生」，正所謂「無極即太極」，兩者互為因果，互為依歸，在圓周內包涵代表虛實、剛柔、進退、動靜等變化，並在機智靈活度上投入心力，在太極的浩瀚世界裡，想要鑽研出名堂，必需靠自己肯下足工夫，去鍛鍊精進、最後才能隨心所欲。

俗語說：「動則變、變則化、化化無窮」道理要說得通徹清楚，實際上，學習太極的體質鍛鍊，在於身心兼修、內外並重，也是強健體魄必備的要素之一，亦要心與意合、意與氣合、氣與力合、肩與跨合、肘與膝合、手與足合等六合，對於機智靈活度有很大幫助。

練武要講德，即要達到「德才兼備」，畢竟健身、防身、武德之間息息相關，只要下足功夫，其目的也一定不能有任何雜念，才能真正體會太極拳的真諦。以武德為例，包括口德，要做到不言己之長、不道人之短，重視每次說出口的話；手德則是遇事多慮、勿躁進、出手不傷人；身德則需以身作則、光明正大，才能「德藝兼備」。

太極拳是陰陽之間不停地轉換，就像零與一不能並存，一旦並存將會靜止不動，這股虛實轉換的能量，是兩者之間的交替。每一招，都從分解慢動作開始，易學易懂的太極拳，從修身養性至轉換為防身術，可漸漸導正孩子易衝動的行為，循序漸進地由太極拳建立正向的意念。

太極拳的「輕柔」，正所謂剛柔並濟，只要不間斷地練習，往往一出手就會令人感到皮開肉綻的錐心之痛，別小看發勁的威力，由於力道強勁，很可能造成對方體內的重創。

把太極拳視為防身術，不但能保護自己，亦在被欺負時予以反擊對方的力量。從小體弱多病，大多藉由太極拳來鍛鍊強健的體魄，除了保護自己之外，更重要的是，習武之人不因暴戾之氣而出手，走的是一條修行之路、修真的路。

健康美 DIY

很多女生害怕學了太極拳以後,會像男人一樣手腳變粗又結實,實際上,太極的動作輕柔緩慢、輕盈灑脫、典雅大方,因此,不但體態優雅、還增添和諧之美。這一份和諧之美,融合全身的肌肉和骨骼,也掌握在自己的意念之中,在舉手投足之間,展現以柔克剛的優雅曲線,還能達到塑身的效果。

想要藉由太極拳獲得健康,平時除了注重飲食、生活起居之外,必需從活絡大腦開始,畢竟人的一切行為都從大腦來控制,然而,大腦是愈用愈聰明,長期練拳對大腦是很好的訓練,亦可提高智慧。

太極拳運動時,要練到什麼程度才算爐火純青呢?俗語說:「學無止境」,欲達到功夫高深的地步,必需依照一定的規律,由淺入深、循序漸進、按步就班等步驟來進行鍛鍊,從姿勢、運動、呼吸、動作等方面著手,慢慢調整到最佳狀態,才不會發生危害,達到鍛鍊的目的。

上課時,經常要求學員做到「以心行意、以意導身、以氣運身。」然而,教學過程也只是入門,真正要學到精、

學到廣，還是要靠學生願意下功夫，不管老師教得多好，想要學好拳術，必需做到「入門引路須口授，功夫無息法自修。」中國太極拳歷史博大精深、學無止境，唯有活到老、學到老，才能體會運動的精髓。

如今踏上帶領學生在太極拳領域前進的教育之路，期盼傳遞太極拳之美，成為老少咸宜的運動。由此可見，習武之本在於運氣行身、以行帶氣，從身心合一開始，使健康帶來正向積極的助益。

集武術之大成

很多人認為太極是一種養生運動，實際上，除了可以防身之外，它亦是集合中國傳統武術之大成，例如柔道、空手道、跆拳道、泰拳、詠春拳、合氣道、摔角…等，大多攻擊手、腳及其他部位，企圖將對方的身體壓倒在地，獲得最終的勝利。

由此可見，上述多為格鬥術或搏擊術，藉由強化身體的不同部位，提升為互相競技的技術，藉由攻擊對手的方式提高訓練技巧，簡單來說，可區分為打、拿、踢、摔等四類。其他利用兵器如劍、鎚、鏢、棍、鈀、弓、矛、

刀、槍、鞭 … 等，也隨著火炮或電子武器的興起，不再成為武術的主流。

強調以柔克剛的太極拳，具備武術轉守為攻、克其致勝，又具有柔軟、感性、細膩的心靈，因此，長期學習剛柔並濟的太極拳，將有助於培養善解人意、膽大心細的性格。

03
人際關係更融洽

太極拳被很多人認為是老人拳，實際上，有愈來愈多夫妻加入學習的行列，也吸引許多家長及子女投入其中，成為共同練習的好夥伴。

在離婚率高的今天，婚姻經營對現代人而言，充滿了各種挑戰。太極講求陰陽及和諧，夫妻若一同學習太極拳，可培養修身養性的基礎，每當情緒起伏較能理性以對，而不是衝動地遷怒對方，在練習的過程中，隨時提醒自己的心念及動作，保持內心的平靜，共同學習調整呼吸，體會「心靜體鬆」的運動真諦。

夫妻關係更和諧

太極拳講求動靜沈著、圓融貫通，夫妻相處之道不是不吵架，而是在意見不合之後，彼此包容對方、修正自己的行為，練太極拳的最大樂趣，除了化解爭執吵架的衝動之外，亦追求強健的體魄。

夫妻練習太極拳可培養嗜好，亦能切磋技藝，更有助於

思想行為上的共識，招式、技法固然重要，提升身、心、靈的發展，亦是待人處世上的重要原則。當太極拳的精神融入在生活中，以誠懇、不急躁的心對待對方，情緒控制得宜時，平靜的心才能為家庭生活帶來和諧，若各退一步地為雙方設想，才會更加珍惜彼此。

夫妻不妨透過一同練習太極拳找到生活的樂趣，在習武的歷程中，對於保健養生有最大的加分。尤其台灣已進入高齡化時代，若期望攜手白頭偕老，維持穩定的運動作息相當重要，可減緩老化速度亦防止疾病的威脅，避免在病床上度過餘生，使另一半照顧得筋疲力盡。

生活在同一個屋簷下，不管是膝下無子的頂客族，或是生兒育女的父母、含貽弄孫的阿公、阿嬤等，若能以學習太極拳做為相同的嗜好，成為生活的一部份，可說是養生又修心，一舉數得的運動。

團隊展現互助力量

從小學習太極拳，既可避免小胖妹、小胖弟的稱號，也能促進身心健康。從中學會尊重別人、學習和不同人相處的團隊精神。

學習太極拳不只是學技巧、學招式，對於個性修練也是一大助益，過去教過一些性格高傲、自以為是的孩子，當他們教其他同學時，便會發現自己有很多不足之處，畢竟一山還有一山高，反觀性格退縮的子女，也應以鼓勵的方式嘉許孩子，讚美加上包容，使不同性格的孩子一同相處，才能相互切磋成長。

孩子在成長過程中，及早培養修身養性，有助於鍛鍊成熟的性格，面對任何突發情況，都能保持「淡定」的態度，以不變應萬變。例如在一陣忙亂之中，做出正確的判斷，當一再被挑釁時，也不會受到打擊，從同儕團體中學習承擔、在循循善誘中養成圓融處世的人生觀。

很多家長帶孩子來學太極拳，大多期盼提升專注力，由於太極拳有規律性，對團隊練習也有規範，只要長期投入時間和心力，皆可提高專注力、社交力及自我情緒掌控力，其中，發現不少課業原本表現落後的科目，經過太極拳的訓練後，成績大幅進步。

由此可見，將太極拳視為生理與心理之間的良善循環，從智能、情緒、社交 … 等各方面，自活絡筋骨到大腦開發，皆可打下正向能量的基礎，不少孩子在剛柔並濟的學生歷程中，心性亦日漸沉穩，比起同年齡者的心智發展上成熟許多。

親子雙向成長

在孩子成長的過程中，父母總是望子成龍，深怕輸在起跑點上，安排各式才藝課程給孩子，宛如水果拼盤般琳瑯滿目，使學生大呼吃不消。實際上，過度補習對子女反而是一種壓力，畢竟在成長過程中，尚處於自我摸索的階段，若尚未融會貫通又要趕進度，反而欲速則不達。

父母是孩子最好的身教，很多家長忙於工作，便將孩子交由祖父母帶大，基於疼惜金孫的心情而過於溺愛，造成很多失控的行為發生，例如肢體或言語衝突、溝通不佳、人際關係疏離 … 等。

若親子共同學習太極拳，既可增加相處的時光，也能從中觀察孩子在成長過程的點點滴滴。當孩子不願意說出內心話時，此刻多多鼓勵他打開心門，才能協助他解決問題，一起面對、一同克服，否則再怎麼苦口婆心，最後往往徒勞無功，多數小孩子心靈脆弱，不妨多給予肯定及信心，才不會造成日後的社交障礙，亦可增進親子關係的和諧。

正所謂「身教大於言教」，親子學習太極拳，對孩子們

的人格發展很有幫助，畢竟現今社會很多小朋友是掌上明珠，這些獨生子、獨生女，很容易養成過度以自我中心、情緒不易掌控的個性，因此，在學拳過程把握因材施教的機會，其中發現不少小朋友，不只是身體上的鍛鍊，亦帶來正向思考的人生態度，從性格孤僻到熱心助人，在耳濡目染下，小朋友學習力也隨之提升。

沒有性別的限制，從小養成太極拳的習慣，對於身體四肢的肌肉均衡、動作協調、骨骼發展都有所助益，親子一同練習，對家長來說，可鍛鍊健康；對孩子而言，則可增強體力。

04
重新活出新希望

從來沒有想過，透過太極拳會走進少年觀護所，和一群與吸毒、打架的孩子結下不解之緣，在教學生涯中，他們是最令人感動的莘莘學子。

教太極拳宛如以武會友，有時候牽起一連串奇妙的緣份，其中，受法務部矯正署之邀，前往指導一群社會邊緣的孩子，藉由太極拳鍛鍊心智，更是始料未及！追求修身養性、強身健體的太極拳，堪稱是老少咸宜，透過教學，將足跡延伸至少年觀護所，則是人生中的意外插曲。

打太極帶來身心成長

每回上太極拳課時，總是先陪著孩子們練習靜心，訓練自己慢慢放下所有雜念，當念頭歸於平靜時，身體也會慢慢放鬆，再教授拳術及拳理，通常皆可達到事半功倍的效果。每當走進教室，面對這群年約十多歲的學生時，內心總認為他們只是一時迷失罷了，經常藉由上課時，適度地融入品格教育，教學過程與一般學生沒有太大的分別，並且耳提面命地提醒他們，太極拳可防身、提高專注力、提升心

靈成長 ... 等，而非利用拳頭欺負弱小。

隨著時間的累積，漸漸感受到太極拳對他們的影響，包括心靈及體格的轉變，放下血氣方剛的脾氣，進而養成穩重成熟的個性。儘管這群青少年因一時的人生迷惘而誤入歧途，在判決尚未確定之前，需先收容而暫時安置。不過，在太極拳教育的耳濡目染下，有助於他們重新思考人生的方向，透過身、心、靈的全面提升，培養圓融成熟的性格，堪稱指日可待。

社會給予正面關懷

面對青少年身強體壯的魁武身材，每回示範太極拳練習時，在一招一式之間，透過細長且勻稱的呼吸，達到心靜體鬆、聚精會神、輕鬆愉快、情緒穩定、減壓調息 ... 等效果。

此外，尤其是吸毒的學生，雙頰大多是面無血色、眼神煥散。每次上課透過練勁、練意、練氣的練習，除了維護身體的機能之外，亦可提高修護力、抵抗疾病的能力，長期練習下來，從臉部表情到四肢，氣色漸漸恢復，也重返往日的自信。

非常感恩有機會與社會邊緣的孩子們相遇，透過太極拳教學看見他們的成長與蛻變，期盼外界不要貼標籤，給予正向關懷，他們將重新出發，用太極所學活出夢想與希望。

章節三

動靜之間

01
武與舞

坊間有不少教授太極拳的課程,不僅著重於技法的鍛鍊,也講求整齊劃一的整體表現,使太極拳在舉手頭足之間宛如舞蹈表演。雖然,團隊所呈現的力與美固然重要,將武術的精髓融入其中,才是把太極拳融會貫通的勝出要素。

中國的武術流傳至今,已有相當久遠的歷史,在歷史更迭的過程裡,人們為了生存,運用武力創造理想、舒適的生活環境。因此,武術已成為人類進化的過程裡,佔有不可或缺的驅動力。

習武與跳舞

中華民族是一個愛好和平的民族,從「武」字的背後涵義,即可發現停止征戰,相較於手足舞蹈的「舞」,散發歡樂的氣息,兩者之間的意義截然不同。以武力停止戰爭,就外在文化而言代表武力,力量用於屈服人的表象,內涵則是不希望以武力去屈服敵人,在《孫子兵法》中明白表達不戰而屈人之兵,也代表了武的真諦。

「舞」字則象徵內涵文化經由肢體動作的伸展，以藝術化方式呈現在世人的面前，而外在則顯現出內心愉悅的歡樂氣氛。從世界各地民族的舞蹈不難發現，以非洲部落為例，在身上塗抹顏料後，大家圍在一起跳出征戰舞；至於紐西蘭的戰舞也非常有名，在運動場上，每當紐西蘭橄欖球隊出賽前十分鐘，也會表演一段精彩的戰舞。

隨著時間的演變，武學已從最初的運動，漸漸朝向健身、養生、修身、表演藝術 … 等全方位發展，從電影及舞台展現的表演型式可看出，大多朝向高藝術、高戲劇張力的技能發展，也成為另類的武學藝術。現代的武學表演，無論太極拳、長拳或其他拳術，從修習或表演的過程中，適度地融入藝術表演的概念。

儘管太極拳的派別很多，然而，從欣賞所處的環境便會發現，萬事萬物都在陰陽動靜的運動中，運用陰陽哲理解讀某一件事的來龍去脈。簡言之，勿以對錯論是，應以因果論對，即看清楚事物的本質，同理可證，將陰陽哲理落實在每件事上，凡事亦會圓滿達陣。

近年來，隨著養生健康的風氣日漸盛行，人們追求自然的生活方式，將符合未來人類生存需求的發展方向，武

學功夫也朝向多元化的方式呈現，不管發展的方向為何，只要合乎未來的生活需要，抱持寬廣的心，以及包容的態度學習武術，都可以透過武學的能量，在未來的社會發展中發光。

呼朋引伴學太極

教學多年至今，很喜歡和班上的同學交流、學習、交換心得，尤其老年人的生活閱歷豐富，既或年紀相近、也有不同的成長背景，在班上，每個人接觸太極拳的時間不一，學習的感受亦不盡相同，相互切磋的過程中彼此成長，也能獲得截然不同的學習體驗。

由於成長環境、健康狀況因人而異，共同學習太極的好處，是可集思廣益，從不同的想法中，發現太極拳的樂趣，從互動中發現在課堂的珍貴禮物，不管是一句話、一個動作或是一段分享，有時候，從學生的回應裡，得到比教學更多的感動。

有些學員為了工作、家庭的事情感到煩悶，在課堂上充滿心事地打拳，通常都會徒勞無功，往往只要一閃神，便很容易受傷，暫時放下手邊工作，從練拳中提升專注力，把煩惱或是百思不得其解的燙手山芋拋到九宵雲外，

透過靜心、專注反而想出最佳的因應對策，可說是一舉兩得。

在大陸，學習太極的女性比男性多，在台灣反而比較平均，在大陸教學的經驗發現，普遍停留在「男主外、女主內」的社會氛圍中，女生大多因不用上班，在家相夫教子之餘，進而將太極當成興趣。在台灣，則是屆齡退休、無需經濟負擔的長者，老當益壯、重視養生的銀髮族，成為接觸太極拳的主力客群。

太極的圖案中間的一條弧線，在周而復始地練習過程中，體驗美學、哲學、健身、防身、修身等學問。俗語說：「風水輪流轉」，所有事物從量變到質變的過程完畢，再投入新的旅程，展開另一段新的陰陽關係，繼續從新的過程走向另一條道路，宛如身體進行新陳代謝、生生不息。

練太極拳最好是因地制宜，不要違背這個規律，太極哲理有豐富性及邏輯性的實踐經驗，唯有用心領會及感受，經由分析事物的陰陽關係，尋找鍛鍊的各種方法，最後，終於實現修身養性的目的。

不管是面對人生哪個階段，學習太極拳不妨抱持開放的態度，以寬廣的心、包容的想法，去擁抱博大精深的太極世界。

02
太極與氣功

綜觀修習太極拳道的論述中，經常聽到學員詢問「太極拳」
與「氣功」之間有何因果關係呢？練習太極拳是否有助於
練氣功方面的成就，這個問題不僅僅對初學者造成困擾，
甚至多年修習太極拳道的朋友們，也有相同的疑問。

動禪、靜禪

談到氣功與太極拳道，看似二者之間沒有關連，實際上
是相通的、相合的。修習的層次提升至一定水準時，即
可說是融會貫通、沒有罣礙了。在印度，有修習瑜伽的
術者，很高段的瑜伽用心引氣各種艱難的動作，更有甚
者已經超越「無」的境界了。

以修道入門為例，打太極拳是基礎，學習者要保持清淨
心、「養心定性、聚氣凝神」的學習態度，才能帶動四
肢百脈的不同經絡，如果神氣無法合一時，易導致「氣
血停滯」而喪失生機。相較於氣功打坐是靜態、柔性的
功夫，打太極拳是動態、剛性的功夫，如同太極陰陽相
生的原理，當兩者互相配合，才能修煉有成。

口鼻呼吸的氣，是一般練拳者會留意的地方，如果要更進一步，不妨練習運用人體最柔軟、細密之處連接天地的氣。

心領神會，空無意境

太極拳道有名言：「心領意而神會，意引氣使徐行，氣順體展輕柔，體合禮則悠遊。」首先，練習時必需身心合一來運行拳法，從一步一步的過程中，由心帶領意念，進而產生心領神會，一心不亂、專注一念，由此一念之中，可以藉由意念引導氣流傳遍全身，以為平靜、安詳、自在之氣。

此一氣依循著各種不同的體像、身法。輕鬆、柔順、均勻、安靜、運行在太極拳法之上，這一切的動能轉換，都在合乎禮的狀態下，只要照做，即可直接進入了中國天人合一的哲學思維裡。只有在此種狀態下產生的氣動，也就是氣功之氣，再加上諸多生物能量本身的生生不息，當兩者完全結合時，便是中國古代道家所說的「無了」，就是不會動了怒氣。

回顧張三豐祖師爺建立太極拳道時，領悟出來的方法，

再加上與道家本身修養之法，二者都可產生「無」，而此法是可行的方法。

太極拳是以太極思想為主軸，隨時檢視自己的念頭，練習時要以意導氣、以氣養氣，「動靜交相養、陰陽得其平」，雖然在比劃的過程是動，但內心卻平靜，當外在是「靜」止時，內在的氣卻是不停地轉「動」著。太極拳展現有若無、時若虛的精神。

在太極拳道首創之初，當時是以農業為主的社會環境背景下，人們的思維意識、生活慾望、物質要求，其實皆「簡」字為法，而在練習的功法上、專一不亂、修習的成效自然大於現代人們的成就。

反觀當今學武的現代人，在修習任何拳法時，不管是修心、修身、修道的任何方式，都希望在短時間內取得功效，這種只求速成的態度，與需要長期才能養成的深厚基礎，完全是背道而馳。如果，一直沒看見效果，換上師、換道長、換師父的學生比比皆是，把修行、修道、學習拳道當成速食料理罷了。

當我們讚嘆古代修習道者的大成就，都會升起無比的歡

喜心，其實古人做得到、現代人也做得到，只要按部就班、由內而外、再由外而內、專注修持、一心不亂，亦能創造出一番成就，千萬不要有一步登天的想法。

試想一下，以前修行人都要在山中或是窮鄉僻壤，在資源貧乏中生活，到底有多麼不容易啊？反觀現代人，當所有的條件早已超越了前人數倍，然抱持謙虛的態度、柔軟的心念，正是目前所欠缺的。

03
輕柔之間

現今世界上的各式運動，衡量勝負的標準，幾乎以比快、比強、比準為主，太極拳卻以比慢、比勻稱、比優雅為勝出關鍵。太極拳所展現的文化內涵，在慢的運行中產生和諧的速度，從鬆柔的過程中展現優雅的面貌。

教太極拳多年以來，有不少學員問到，如何把太極拳學得更好？實際上，修習太極拳開始，應先建立個人的觀念，就是依著反璞歸真、回歸自然法則的規律運行，其實，自己本身就是一座寶庫，為什麼要向外尋求呢？尤其很多事情從一變二、二轉四、四轉十六，經過不斷地化繁為簡、再由簡轉繁的歷程，就是一段自我檢視的過程。

體鬆

在中國武術中，有不少招式的練功方法加強肌肉、肢體的靈活、堅韌度。練習太極拳時，應重視「鬆」的靈活度、速度、強度、持久度 … 等，在出力和鬆勁之間，往往只有一念之間，然而，做到身體端正、體力放鬆、精神舒暢，才能將太極拳道的「極簡」精神發揮得淋漓盡致！

習拳的時間愈久，愈能體會到「鬆」是一種訊息、也是一種感覺。以外套為例，當天氣漸漸涼了，手中拿著外套時，可能不到十分鐘就覺得手痠，但是，穿外套在身上一整天，卻覺得沒有任何不適，可見當身體保持放鬆，就像神態自若地穿起外套，在舉手頭足之間游刃有餘。

由此可見，打太極時愈是保持身體放鬆，力道愈能延伸、愈能感受鬆的廣度及深度，若一味地使出渾身解數，將力氣集中拳頭上，反而會使全身更加緊繃。

當身體其中的部位漸漸放鬆時，代表這個區域的能量開始移動，然而往哪兒移動呢？往「心鬆」的方向前進，學習放鬆對很多人來說，必需投入大量的時間去體驗，反觀用力，只需幾秒鐘罷了。

簡單即生活

當習慣用盡力氣來過日子，每天會深感身心疲憊，倒不如保持放鬆，或許會讓日子過得簡單一點。

保持內心的平靜自在，簡單地度過每一天時，心情將感到簡潔、沒有太多慾念，當物慾降低時，意念便顯得剛強。所謂「氣定神閒」，外型看似形式簡單、招式自然、思維就像源源不絕的清泉活水湧入腦海裡，使靈感不停

地擴大、縮小，發揮想像力加上腦力激盪，往往新的創意便出現了。

太極拳沒有過於繁雜的招式，只追求「簡」的思想，因此，學生們也不會侷限在各種限制內，反而能輕鬆地進入太極拳道的世界。

依排毒時間作息

長期練習太極拳可維持好氣色、轉變心境，亦可搭配器官排毒的時間，進行體內環保，才能使身體運作更為順暢，得到相輔相成的加乘效果。

排毒順應經絡的運作時間，依照各時辰不同的經脈「輪班」，經氣隨著時間在各經脈之間起伏。以晚上九點到十一點亥時為例，由三焦經運作，代表生命重新孕育，若身體想保健得當，不能忽略好的睡眠，建議盡量在晚上十一點半之前入睡較佳。

子時是指子夜十一點到凌晨一時，由膽經運作。根據《黃帝內經》記載，「凡是十一藏取決於膽」人體內有十一個臟器仰賴膽經支援，此時入睡可得到足夠的優質睡眠，使膽經得到豐富的能量。

至於丑時是凌晨一時至三時，是肝經運作的時刻，靜心養氣是保肝的最佳方法，很多年輕族群在三更半夜喝得爛醉，對肝造成極大的損傷；凌晨三時至五時為寅時，正值肺經運行，深度的睡眠很重要，不要有人干擾較佳，從中醫的觀點來看，此時為人體陽氣之始，也是氣血從靜到動的起點。

卯時則是早上五時至七時，亦是大腸經的運作時間，藉此活動筋骨、打太極拳很適合；辰時是上午七至九點，也是胃經運作的時刻，此時早餐清淡些，以吃飽為主，吃飯後走百步，不適合做太強的鍛鍊。

上午九時至十一時是巳時，則是脾經運行時，適合聚精會神地運用腦力，不過，工作也需要適度休息，能讓眼睛得到片刻的喘息。午時是上午十一時至午後一時，此時是午餐時間，正值心經運作時，除了選擇營養豐富、葷素不挑食、不忌口，建議喝點湯、菜要少鹽、飯後睡半小時，有助於下午繼續工作。

午後一至三時是未時，當小腸經運作，午睡前不妨做少量緩和的運動，喝一杯茶活絡身心；午後三至五時為申時，是走膀胱經，宜多喝水，有助於思考活躍及記憶力

的增長，適度打破迷思，也對學習很有幫助。

午後五至七時是酉時，當腎經運行時，腎虛者正是補腎的好時機，如果晚飯吃少一些、口味較清淡；戌時是晚上七到九點，走心包經。熱水洗腳、準備睡眠、用冷水洗臉、溫水刷牙，睡前靜心養氣、睡姿採取右側的臥位，順應日出而作、日落而息的規律，也是養生法的核心基礎。

04
權名利之外

人的內心深處都有個朋友叫做「權、名、利」，這是資本主義下形成的風氣，現今的家庭教育或個人事業的發展方向，大多也以權名利做為最終的目標，主導意識思維及行動，反而忽略了內心世界的鋪陳。

各行各業的競爭激烈，「權、名、利」是多數人的判斷標準、決策的參考指標。如果超脫「權、名、利」的思維，擁有的卻是另一番滿足與喜悅的體悟！

慈悲心

為什麼有許多慈善家、教育家、修行者，大多以看輕、看淡，甚至是看破世俗的思維，原來，這是一種「慈悲愛」。從這個角度來看現今的社會，更以較為入世的想法、做法在社會提出貢獻，形成一股善的循環。

太極拳雖然是一種修身養性的運動，長期下來，亦可啟發內心深處的感恩心，可說是權名利背後的另一扇窗！畢竟人們大多在權名利之間行事，所以人的一生，大多在二元

世界對立，非錯即對的是非選擇中度過每一道關卡，一旦離開這個世界時，也就蓋棺論定了，但大家要知道，養生最好的藥引就是慈悲及愛。

學習拳理的是靜心，靜心或心靜不是名詞、而是動詞。打太極拳首先把身體肌理轉化至輕與柔的境界，由外在環境轉換成內在的清澈澄明思維之中，從外型看到的自在形象，進而進入意念想法，可說是念念不生，這一份止念的狀態，就像平靜的湖泊映照著月亮，雖沒有漣漪也增添幾分浪漫，但卻是靜中含動，個人的心念定於一，有助於內外在環境相互結合而為一，圓滿宛如陰陽調和。

當身體與意念呈現各行其道的狀態，或是將想法著眼在事情的表象上，在乎外在的美，以表演的想法來練習太極功法，朝向體態優美、線條柔和的美學為主，此刻也失去了學習太極的意義。

中華民族是以天人合一，思想為主體的民族，自古以來，連老祖宗都說，人與天是不可分割的哲學思維，當地球暖化、氣候異常的情況接二連三地持續發生時，都在提醒大家，人與天之間的密切關係。當人頂天、腳立地，若天與人合而為一時，千萬不要破壞彼此之間的關係，

就像天為陽、人為陰，當陰陽合而為一時，宇宙萬物都會和諧共存。

易經提過：「地天泰，即下上一合相，則會因緣俱足。」現今這一輩可從修習太極拳法的過程中，應領悟人與天、人與萬物、人與人之間的相處方法。

身心合一的拳法

接下來，該如何把心境與拳法合而為一呢？首先應觀照內心，人們每天發生的事物，都是由於起心動念而來，而這些行為模式裡，都要保持心的寂靜，當心情保持平靜時，惡念也不會生起，若沒有種下惡緣，也不會種下惡因。

人的意念應以儉廉為準則，當慾念升起時，物慾、貪慾、淫慾之念，大多會蒙蔽了智慧，導致心情充滿悔恨，由此可見，慾望對於人們的影響有多麼深，若能保持無慾無求的心，長期下來，身心也不易失衡。

隨著時代的進步，不論各方面都是充裕而富足，以現今的生活來看，凡事應保持「簡約」的態度，千萬不要帶

著一股恃寵而驕、奢華無度的心情過日子，唯有懂得感恩，感念上天所賜予的禮物，生命才會愈走愈寬廣。

「自性寂靜、意念儉廉、行事簡約」是修身養性、立世的標竿，當自性、感覺及念頭維持在儉廉的心境時，無論有任何起心動念，都不會造成威脅或妨礙，可說是無慾則剛。

由此可見，保持自性的心，依循內心深處的引導，朝著寂靜、和諧的方向前進，如此一來，這樣的修身功夫，也不會受到外界干擾，更無懼慾念像無垠的雜草叢生，當寂靜的心進入平靜狀態時，行事作風更不會在過與不及之間造成失衡。

練習修持自我，在寂靜、無念、簡約的心情面對所有人、事、物，把人與拳、自身與天地環境融合為一體時，也即可發現身心合一，對身心靈帶來極大的豐盛，體會自在、和諧的圓融意境。

章節四

靈性修行

01
無極即太極

每個人依照自己的心，進入太極拳的大千世界裡，放下
名利、瞋恨、執著、得失，在學習過程得到積極的正向
思維，進而提升靈性的成長，對生命產生更深刻的體悟。
享有「群經之首」美譽的《易經》，富含博大精深的哲
學思想，其中太極圖即是易經的精髓，也是八卦的核心。

從易經領略太極奧妙

至今已有五千年歷史的《易經》，從字裡行間不難發現
蘊藏豐富的內涵，它是宏觀的世界縮影，看見宇宙自然
的和諧法則，亦可體會時間長河的無限。這部深具文化
意涵的典籍裡，可細膩觀察出月亮、太陽在運行的陰陽
規律，由此可見，太極代表了宇宙整體，也就是世界的
本質。

在天地萬物之間，可發現很多事物都離不開對稱，例如
左與右、動與靜、上與下、水與火、天與地等，萬物之
間千變萬化的巧妙構圖，不禁佩服大自然的鬼斧神工！
很多德高望重的智慧長者，常年在深山裡修行，在他們

的眼中，將美景轉換為「至繁而極簡之」，現今快速變化的社會變遷裡，化繁為簡有於增加效率，做事即可事半功倍。

每個人的生命宛如徜徉在浩瀚的學問，尋找宇宙的真理，《易經》的深厚哲理詮釋了文化的智慧，從天道、地道、人道及自然界的相互關係裡，洞悉宇宙萬物的現象，儘管看似彼此沒有關連，冥冥之中，卻有不同層次的融合。

大自然裡的平衡，就像鳥兒的翅膀左右對稱，與前和後、虛和實有異曲同工之妙，和修習太極拳的過程不謀而合。《易理》也提到「山和陸地突出走向上，為陽；溝與海低於地面走向下，為陰。」地球上遍布著陸地及海洋，兩者缺一不可，若從外太空的視野來看，銀河系之間星球的運行法則，就像巨大的螺旋形太極，看似獨立，彼此卻又息息相關。

向大自然學習提升心性

每當走進山林、大海時，發現大自然無處不在的智慧，可說是處處留心皆學問。從生物學演進的過程裡，大家所熟知的「物競天擇，適者生存」在達爾文進化論有完

整表達的論述，與《易經》提過「變化者，進退之象也。」不謀而合，只要用心觀察即可心領神會，在人生的不同階段，即可發現進步在無形之間。

在一進一退之間，採取中庸之道，是中國講求以和為貴的處事原則，與太極追求和諧、圓融的訴求不謀而合。世間任何事物並非靜止不變，適應變動才能順應新的挑戰，因此，變動是相當正常的現象，鑽研太極拳道的過程亦然，不管男女老少，都是從教學中轉變觀念，在潛移默化中注入新的思維。儘管生命有限、精神無限，想要昇華有限的生命，讓精神更加豐盛，不妨藉由修習太極拳，達到自性即佛性的樂活境界。

02
武德精神

太極拳講求天人合一，代表敬上天、敬大地、敬眾生，即是天與人合、人與地合、天地本自一合的三合態度，練習太極拳能夠養成自律嚴謹的生活態度，培養自我規範、百折不撓的武德精神。

老莊思維與太極拳

太極拳的歷史源遠流長，與道家傳遞的老莊精神有許多相似之處。以拳術為例，儘管各門派各有專長，不過，無論陰陽、前後、上下、五行、八卦 … 等，始終以中華文化的領域為基礎，可說從三合態度延伸而來。

整體來說，太極拳道「動似非動、靜似非靜」，在柔、慢、體、鬆之間的流轉裡，看似柔順卻可抵擋颶風之擊，在快與慢的互轉之間，展開二元陰陽的對應，藉此修身養性，化解意氣風發、好勇鬥勝的習氣。

有別於其他拳法以快、狠、準為訴求，太極拳以無為自處、自在為本，並以清靜虛無、無求無慾為道德規範，

長期修習下來，易養成不卑不亢、虛懷若谷的謙卑態度，只要掌握持盈保泰為體、葆光養真為用的原則，看待一切事物抱持平常心，勿需刻意追求。

循自黃老之術的太極拳，在養生方面即強調精、氣、神，為了鍛鍊心與意達到無念，必需勤加專一的練習，才能達到爐火純菁的修持境界。因此，修習太極拳道時，無論是行、住、坐、臥皆可練習，畢竟在太極拳理裡面，動靜二相即為生活之道也，至簡至明，並沒有太過艱澀的道理，因此身體動能，即藏於無為清靜與無慾自在之中，幾乎是垂手可得。

因此，若要深刻體悟太極拳理，就別陷入虛應招式的表面功夫上，而應徹底了解何謂動靜二象了然不生？何謂動靜二象相互交替、互為因果的法則，從中深入探究才是王道。中國哲學家老子曾經說過：「夫物芸芸、各復歸其根，歸根曰靜，是謂復命。」代表太極拳道動靜二禪相、相生相剋的道理，由動返靜、於靜發動，當清靜己心至無念的念頭出現，皆為真實而不虛假。

武德精神、定心圓滿

在太極拳功法裡，以圓為體，在不停翻轉的變化中，一圓生、一圓滅、一圓起、一圓落，始終循依此方法而不斷地運行著。不禁令我想起，人的一生何嘗不是一緣起、一緣滅，在生滅之中成就個人的一世因果，但修習到底終究只有一個結論，也就是身體獲得自在康復，更找到了精神的圓滿與快樂。

由此可見，以道家修道的人，必需先從鍛煉自己的心開始，任何雜念的心都是從自身的出發點開始，如果期盼內心寂然不動，必需能守住浮躁的心，進而收心，並安住自己的心。另外，更需要守住雜念的心，收起驛動的心，進而使心安詳自在，因此「收心與守心」，是道家法門的必經之路。

在道家學說中有提過：「陽非陰不長、陰非陽不生，真陰真陽此即為心。」所以，行太極功法時，必先端正自己的心，再去行動才能表裡如一，如此一來，所行的善功才會日漸擴大，如果心不忠誠、意念不端正，即使天天打太極拳，最後也是徒勞無功。

因此，動一毫妄念，內心就少了一分真氣，當雜事湧上心頭佔滿思緒時，即為自己增添了魔障，所以，練習太極拳的起心動念非常重要，若能將靜修之心轉化為自體能量，藉由長期修習啟發身心靈，進而展現出清淨自性，亦即將太極拳內化於心的真功夫。

所以，在修習太極拳時，動靜之間的能量轉換，在心正、意誠的狀態下，呈現自在的身心變化，並非刻意地移轉能量，而是藉由循序漸進的過程裡，心性上喜悅豐盛的展現罷了。

年輕人接觸太極，經過積年累月的薰陶，漸漸將原本血氣方剛、盛氣凌人的衝突個性，轉變為謙卑為懷、有容乃大的圓融性格，正所謂「貴在中和、不爭之爭」，從內心散發出傳遞相互尊重、和諧互惠的武德精神。

比起坊間有些著重在技術層次，宛如太極操整齊劃一的招式，何不順應自己的身體律動，在輕柔之間展現自性，領略太極拳的內在精髓，提升做人處事或內心修持的想法，隨著對太極拳日漸熟悉，愈來愈圓融練達了。

03
瑜伽與太極

瑜伽及太極拳都是東方文化中具有豐富的歷史意義，兩者都蘊藏豐富且深刻的哲學思想，太極拳有中國儒道學說講求的現實與中庸，瑜伽則融合了宗教文化的神秘，兩者都以人體、天體宇宙連結，視為最終目標。

瑜伽的訓練

源起於古印度文化的瑜伽，至今已有數千年的歷史，「瑜伽」在梵文的意思代表合一、結合，透過練習的過程激發潛能，協助大家改善心理、生理、精神、情感等方面的困擾，進而獲得身、心、靈的全方位提升。

「瑜伽經」是研究瑜伽的重要經典，由公元前三百年的瑜伽大師聖哲帕坦伽利所編著，延伸出不同的瑜伽修練法融入在日常生活，影響層面涵蓋食、衣、住、行、育、樂 … 等無所不包，長期練習下來，有助於建立祥和安定的情緒。近年來，瑜伽從印度傳至歐美，隨著藝人、模特兒、運動家等公眾人物帶動流行。

瑜伽在全球延伸出各式各樣的瑜伽運動，例如熱瑜珈、哈達瑜珈、養生瑜珈、親子瑜珈、雙人瑜珈、孕媽咪瑜珈 … 等，藉由體位法訓練姿勢，強化肌肉的協調，從中調整體質、練習調息、，透過每個階段循序漸進地修練，達到由內而外的身心轉變。

保持積極能量

太極和瑜伽有不少共通處，透過調節呼吸和冥想，都可提高練習太極和瑜伽的效果。不過，太極講求心靜體鬆，每個套路經由反覆練習，從中體悟心靈的成長，與瑜伽相較之下，每個體位法都需要幾分鐘的練習，在靜態運動中，使身體保持積極的能量。

長期練習太極拳，有助於提高心靈、記憶、精神、能量等，達到最佳的平衡狀態，漸漸淨化內心、思想清晰，釋放過去在心頭上揮之不去的負面能量，注入新的靜心思維。

太極始祖張三豐創立太極拳，在武當山天柱峰草廬修行時，寫下二十四首的《無根樹》，把太極拳「人與拳」互為因果關係的精髓詮釋得淋漓盡致，被後人視為修煉太極「拳」與個人心性的修練秘訣。隨著技巧日漸純熟，心境

自然也更上一層樓，《無根樹》是初學者進入太極拳的敲門磚。

《無根樹》在字裡行間表達對人生修行的體悟，為學習太極之路開啟截然不同的視野，了解修行的過程，即可體會生命真理。

太極拳 VS 太極操

坊間有些太極拳課程著重外型的展現，空有太極拳的一招一式，卻是沒有內涵的太極操，即便辛苦練習，但終究無法達成正宗拳法。將太極拳當成體操時，只能活動筋骨，促進循環順暢而已，長期下來，依舊難以明白陰陽及氣沉丹田的道理。

每回教學時，經常傳遞意念引領內氣、內氣通達全身的理念，體會太極拳法修身養性的內在意涵，從修習的過程中體悟謙沖慈悲，表現強大的信心，使生命開創更亮眼的一頁。

04
超越自己

太極拳至今仍舊歷久不衰的原因，不妨先回顧當年張三豐祖師爺創立此法時，其中蘊含了「拳術」及「拳理」兩項意涵，在拳術方面是競技藝術的提升，拳理則是以心導意，開啟個人在修行過程中的精進。

提升智慧，從「心」開始

太極拳的意境與各家學說之間，似乎有不少相近之處。至聖先師孔子在《大學》中寫道：「知止而后有定，定而后能靜，靜而后能安，安而后能慮，慮而后能得。」由此可見，藉由定、靜、安、慮、得的心境轉變，即可得到自在修身之道；道家老子在《道德經》也提到：「上善若水，水善利萬物而不爭，處眾人之所惡，故幾於道。」形容行善者的德行宛如潺潺流水，水能滋養萬物，以無所爭、無所求、清淨無為、淡泊無慾的利他之心，於眾人厭惡且卑下之處仍能怡然自得，進而煉精化氣、煉氣化神、煉神還虛的最佳修煉。

此外，在觀世音菩薩於《楞嚴經》耳根圓通章中對我們說：

「初於聞中，入流亡所。所入既寂，動靜二相，了然不生。如是漸增，聞所聞盡。盡聞不住，覺所覺空。空覺極圓，空所空滅。生滅既滅，寂滅現前。」一開始求取學問，當知識進入大腦，大腦進入寂靜以後，面對任何事物，內心不會起漣漪，綜觀人世間的紛紛擾擾，也不會起心動念，執著於事物表相。當修行遇到所知障時，不妨先放掉以前的念頭，把知識、思想、感受等全部放下，連空都被消滅時，人的一生即是一段由生到死的過程，當內心不再有罣礙，即可展現佛性。

綜觀各家學說，都貼切地表達太極拳與修行過程之間，宛如一體兩面、不可分割的生命共同體。不過，多數學習太極拳者都以拳術做為修習精進的方向，而忽略拳道所蘊含的道理，實際上，應以拳術為修習過程，拳道為修習目標。

利他哲學

每個人依照適合自己的方式練習，便能將拳術與拳理搭配得相得益彰，進入「真」的境界。所以，拳術與拳理可說是修悟正道的兩大法輪，正如同智慧與德行是通往證道的不二法輪，具有相同的意義。

若期盼更上一層樓，無非希望在專業領域超越自己，突破以往的限制及框架，此刻，在心境上也要做些轉換，藉由智慧起大悲行、行大德願，秉持如此的態度及理念修行，自然會有深刻的體悟。因此，太極拳的拳術與拳理，就像是太極的陰陽二相，以拳理為例，依照自性的心升起利益眾生的念頭，以拳術為例，比招式依照正法、正道而行。

所以，修習太極拳，不單單只是強筋健體、延年益壽而已，而是將起心動念仰賴在正念的思維上，例如儒家講求的修仁恕，道家講求的修利他，佛家講求的修空性，在此基礎下練習太極拳，有助於深入了解祖師爺張三豐創立太極拳的真正目的與精神。

利他精神的真諦是為大眾服務，而不以自己的利益為優先考量，正所謂「取之於社會、用之於社會」，修習多年至今，抱持無所求的心情做任何事情，持續不停地累積善的能量，它就像漣漪慢慢擴散，傳遞至社會的每個角落。

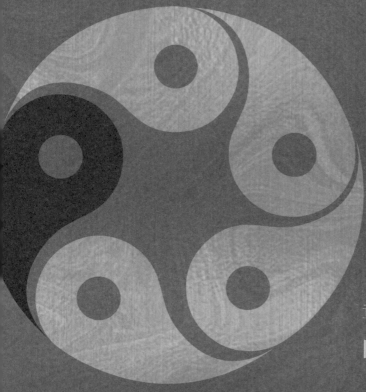

章節五
問道太極

01
天人合一

長久以來，中國儒家推崇「天人合一」的哲學思維，從中華民族與自然界、萬物合一、天人合德、報本反始等處世態度不謀而合，其中亦演繹了敬天地、敬祖先、敬聖者等，如同太極拳追尋的天、地、人。

從儒家講求的理學工夫中不難發現，只要內心端正並抱持誠信的意念，誠信的意念源自於戒慎嚴謹，因此，戒慎其所不睹、恐懼其所不聞，亦即是三達德、智、仁、勇之外的具體表徵。這套由內而外的哲學思想，發展數千年來歷久不衰，即可看出太極與中國文化深厚的淵源。

太極與哲學

由此可見，太極拳在運行過程中，起手勢前必須和對手、觀賞者、仲裁者致意，畢竟，抱持一顆尊重的心也是德行表現之一。因此，對詮釋太極拳道來說，當外在的行為表現敬重謙卑時，內在心性則是靜如止水，表現在追求禮義的道路上，更深入了解老夫子的說法。

老子談到：「禮是仁的客觀表現。」孔夫子則說：「克己復禮為仁也。」仁雖然是待禮而後顯之。但是，仁畢竟是禮上的根源，所以人人皆具仁心，也就是行仁踐德的表現。

在英國的著名詩人雪萊先生說過：「一個人如果不是真正有道德，他是不可能具備真智慧的。」孔子的實踐哲學表示，中國的歷年朝代中有巨大的影響力匡正了社會，當國家祥和、人民也受惠了，無形中減少爭戰和殺戮戰場的不幸。

因此，在太極拳道也充分展現哲學精神，正確的學拳態度為了強身、防身、健體、養生、保健，而不在於爭勝、爭強。孔老夫子說過：「溫、良、恭、儉、讓。」又說：「恭之於禮、信之以義，居仁由義、仁義合一。」一再說明了，內懷仁愛之心，行仁禮義之路。習武之人都必需具備此基本智慧，才能使拳道融會貫通。

修習拳理，需抱持虛懷若谷的寬厚之心，才能在學習的道路上精益求精。談起仁與道之間的關連，在於道是仁之體，仁是道之用，仁者通天道，而天道則貫人心也。由此可知，太極拳道近之拳理，保持仁愛之心是不可或缺的。

修身養性

在太極拳道的拳術方面，孔老夫子以君子之道四焉禪說，其行己也恭、其事上也敬、其養民也惠、其使民也義。相當清楚告訴我們，修行太極拳術時，逢人對陣時，恭敬惠義，與對手進行君子之交。

任何拳法、拳術，如果脫離義理者，也許興盛一時，在歷史長河的轉輪中，定不能長世久傳。所以，太極拳法不以攻擊為主要拳術，哲學與核心價值所表現的拳法可達到進可攻、退可守的境界。

儒家的理學工夫是由實修而成，而內在的修為以心善為主，心善則心正、心正則心淨、心淨則心守，所以守心、淨心、正心、終歸至善心。除此另一套由修心轉而修身的工夫，在《大學》此書亦提到，物格而後知至，知至而後意誠，意誠而後心正、心正而後修身、齊家、治國、平天下。

中國的儒家文化，從天子以下至庶民百姓，都是修身為本，本務為道生焉。因此，只要身體力行，想要獲得天人合一並非遙不可及，也不會辜負張三豐祖師爺的深妙精義了。

02
陰陽哲理

古人說：「太極者，無極而生，陰陽之母也。」從事教學工作加上修習多年的太極拳至今，深感從天地之間到微觀的物質世界裡，無不蘊藏著太極真理，只要細心觀察，從陰陽哲理中剖析事物的始末，即可看見事件的本質樣貌。

練習太極拳時，涵蓋範圍從虛及實、剛與柔、動和靜....等，不管是哪一個太極拳的學派。總之，萬變不離其宗，若要揭開它的神秘面紗，可說是「頭頂太極、懷抱八卦、腳踩五行」。由此可見，太極拳雖有既定招式，卻沒有一定的招數，千變萬化卻不會脫離陰陽，因此，最初從無象開始，由律動出現變化、變化延伸陰陽，才能符合陰陽相濟和陰陽消長，形成內外合一的境界。

剛柔並濟 太極之美

正所謂「柔能克剛」，練習太極可安定心性，在剛柔相濟的過程中，達到能剛能柔、心剛則剛、心柔則柔的體悟。若能展現靜如山岳、動如江河的態勢，達到虛實兼

備、急應緩隨、有輕有沉，形成陰與陽對立的運轉原理。現代人的生活步調快，藉由學習太極拳與心靈對話，經過冥想靜心的過程，體會物質及精神的二元世界，彼此之間相互影響，卻不會產生衝突，從不少心靈相關的研究發現，靜心可排除雜念，對於身體保養有莫大助益。正所謂「相由心生」，當意念不再專注於表相，才能看見事情的本質，而不會過於執著在表相，當覺察力提升時，將能即時調整、修正方向。

由此可見，唯有心思細膩、洞察時機，才能劍及履及，果斷明確地展現大將之風，透過虛實、快慢、剛柔之間，看似相對卻是產生運轉的最佳時機，從律動的過程裡，體會協調、統一、和諧之美，長期練習太極拳下來，對心境的轉變有顯著提升。

英國歷史學家湯恩比曾經表示：「中國文化的本質為陰陽哲學。」在大自然基本的原則裡，即是有陰就有陽、有陽必有陰，陰陽之間必需相互制約，才能構成精密且科學的運動規律。由此可見，陰和陽既是對立的個體，也有相對平衡的穩定關係，在天地萬物之間都有陰陽的分別，才能協調最佳的狀態。

琳瑯滿目的靈性修煉

心靈成長已成為現代人面對快速變化、安定身心的一帖良藥,包括奧修、卡內基、賽斯心法、山達基 … 等各式課程如雨後春筍般大受歡迎。在現代社會裡,信念創造實相的真實故事不斷上演,尤其很多成功人士都不約而同地表示:「堅定相信」即可為自己的人生創造奇蹟!實際上,奇蹟的源頭來自於內心深處的想法,由心靜,開始產生一連串的變化,不過,前提是如何訓練自己達到無雜念、無私慾的境界呢!

以奧修的靜心技巧為例,一開始只需雙眼注視前方,當眼睛靜止不動,代表頭腦平靜、思緒平穩,即使出現一點兒內在干擾,但只要敞開心胸、被動地接受自己內心變得純淨,此刻完全不想任何事情,維持靜止直到思緒達成無念的狀態,接下來,老師僅談幾個字穿過內在的核心深處,藉由在寧靜中被動地覺察自己,使頭腦不再受到束縛,才能成為自己的內在指導者。

至於賽斯心法的能量運用,則是啟動內在的能量,包含愛及意念,並想像自己身處在發光的大能量球裡,包含健康、智慧、愛,此大能量球代表大我!每個人都是小能量球,同時在大能量球內修行,可以感受到巨大的能

量。由賽斯思想來營造能量場，再進行自我連結，從此感受心想事成的神奇力量，做到利他、利己同時雙贏的精彩人生，建構真正自己想要的世界。

太極心法講求和諧

在生命的悠悠長河裡，從出生到死亡即是過程，自起點開始必會通往終點，看似來到終站，實際上卻是另一段生命的開端。來到人世間修行，被煩惱困惑，牽絆內心而飽受折騰，做出不同的行為，產生各式各樣的執著、分別、妄想 … 等念頭。

若內心保持平靜，則要減損各種不同的慾望，包括物質、飲食、貪慾等，很多眾生都會深受思想、行為的影響，當修行的時間愈久，愈不受物質、形色干擾的有情世界中，也能打破身體、房屋、國土等有形的限制；當內心愈恆定自在時，即使生命到了臨終，進入禪定而轉化為另一段生命旅程。

在《易經》提到的陰陽本來存在於太極之中，正所謂「無極即太極，太極生兩儀」，對待與乾坤即是兩儀，在一靜一動之間，漸漸調整自己的思緒及行為，實踐中庸和

諧的思維，達到自性即佛性、真心且專一的境界。

眾生皆具有成就佛法的條件，依照成就佛法的過程走到最深處時，心境即來到清淨、空無的境界，也就看見事物的實相。天地萬物之間，當如來即是法身時，如果法身保持恆定不動時，亦沒有所謂的來去，當法身遍及所到的地方時，也沒有所謂的去向，與眾生廣結善緣，當緣起緣滅，只要不執著就不會起煩惱心。

在《拳經》中所提到的原則，凡有虛與實、快與慢、剛與柔…等，這三組概念既是相對、相互運轉，如何將它靈活運用於行拳之中，使它獲得統一、和諧，不偏執於任何一方，即需理解相對，並非固定不變。

把握太極拳運動中產生的變異，使其中的一方在慢中生變化，自會取得中道、協調，完全表現於虛實、快慢、剛柔的實踐工夫中，才是運轉相生、得其中和的真諦。

03
反璞歸真

線條柔美的太極拳，不管任何年齡學習，皆可展現優雅動人的姿態，當一起步的站姿既定以後，進入無極的狀態。當生理、心理及意識思維，處於空亡的境界時，與大自然融合為一，真正進入無限空間和相對時間裡，達到無我、放下自我也沒有對應，來到無他的境界，整體來說，即進入真空的境界。

有很多長年練習太極拳者，都曾經體會到從無極境進入太極境的過程，由於眼睛所見到的二元世界，出現轉移的現象，進入無窮的時空境，代表達到內視及內觀的精神層次，超越束縛流轉入寂靜，當內在的生物動能亦由動轉入靜，整個過程非常平順、自然，也絲毫不做作。

由內而外的心境轉變

內心從空無進入了動的境界，只要淨下心來，毫無雜念地啟動意念，即可漸漸覺受到自性之自在，並能影響氣場的變化。當氣場經過不停地轉換，亦能將拳理和拳術融會貫通，慢慢演繹成為太極拳道。

所謂「無極即太極」，即是指宇宙最原始之處，皆為陰陽不明的混亂情形，形成宇宙的初始面貌。學習太極拳好比一台儲存資料的智慧型手機，若從手機的外型判斷，無法了解內部有哪些訊息，儘管手機內部的記憶卡只是薄薄一片，卻能存取相當多的資料，從外表雖然看不出來，一旦放在手機裡讀取資料時，即可一覽無遺。

學習太極拳也許從外觀上看不出來有哪些差異，然而，有許多潛移默化的改變，是長年在內心深處累積而成，因此，這些改變唯有親身感受，才能領略太極拳的奧妙之處。

整體而言，太極拳得以流傳至今數千年，依舊成為現代人的養生之道，將歸納為「心領意而神會，意引氣主徐行，氣順體展輕柔，體合禮以悠遊」四句。隨著每個人的意念思維，學到的體驗及收穫也各有千秋，聽見大家的學習心得也是堅持到現在的重要動力。

行拳時，一招一式的內涵總在動靜之間，看似一連串的起承轉合，即是修行的過程，在動與靜之間，經常存在對應的關係。在禪宗有許多高僧大德，從一花、一草、一點露之中，以及世間萬象裡開悟，或是在禪定或禪動

中，領略生命的道理，都是相當自然的事。

反璞歸真探究宇宙根源

在中國，以「道」為最高思想核心，並做為宇宙萬物的總根源，再以道法自然的主張、反璞歸真、致虛守靜的無為思想邏輯。當一片朝氣蓬勃的萬物之中，不難發現反覆循環的道理，不管天地萬物的如何變化，都要回歸自己最初的心，就是靜心的狀態。

太極拳透過動靜之間的能量轉換，領略人生的意涵，例如物理世界零度的冰轉換成為零度的水，透過間接轉換的過程，產生相當大的熱能變化。因此，修習太極拳道形成的轉變，不妨視為正常現象，只要用心體會，即可發現學問的奧妙之處。

行拳結束時，動態能量轉入靜的狀態，再轉入空境恢復自然的本體，即為「禮依體則圓融，體收氣藏於靜，氣歸意入空亡，意與心兩俱寂。」四句話。

04
全人教育

舉凡有智慧、有才能的人,大多表現大智若愚,在待人
處事、口語表達展現低調,處事行為則是盡心竭力而為,
展現謙恭、平靜、柔軟、慈悲等親和力,也就是個人在
生活上追求的目標。欲到達此項目標,必需以自信心、
專精心與恆常心,時時刻刻行利他之心。

回顧太極拳道創始人張三豐,包含二法一曰拳術及拳理,
其術與理就像證道的兩個輪子密不可分。術者競擊技能
的提升、理者內在文化的擴增、術法,依個人的體悟各
項武技變化、理法,以及內在文化上的體現。

太極拳道與各家宗教論點

太極拳不論是追求拳術或拳理,都必需合而為一。在拳
理方面,孔老夫子於《大學》中明白提到,定、靜、安、
慮、得為修身之法,才能促進國家安定、天下和諧的利
他哲學。

老子《道德經》說到:上善若水,小善利萬物不爭,處

事人之所思，故幾於道，意即有道之人，不與萬物相爭，處於卑下，而有利他之心、則近者矣！所以，先哲在修心修身亦兼行利他的心。

基督耶穌對眾生的救濟中，也是建構在利他救濟之上，因此，神愛世人也是利他精神的最佳展現。另外，教太極拳時，經常提到的捨己從人，放下兩造的對立狀態，依循對方的意念及想法進行。

佛家常提到凡事要捨得，拳法上亦捨得的心情，改變對立的局面、扭轉原先的僵局，進而帶來滿滿的收穫。在拳理以捨得為法，心建構在利他的念頭，更是仁者無憂、智者無禍、勇者無懼的最佳寫照，亦是太極拳道中最高意境。

明心見性

由此可見，不論是道家、儒家、釋迦摩尼、耶穌基督等不同教派，從傳遞的教義精神發現，每人都有佛性，只要秉持「利他」的心，以入世的態度服務人群，也許，從聽聞蟲鳴鳥叫、或見花開花謝之時開悟，都是反思自己生命的最佳時刻。這些教義從太極拳道的點點滴滴，不難發現隱

藏其中的潛在內涵，藉由行拳道保持心念專一、而拳術及拳理則是因緣俱足而成，就像日月星辰、山河大地等，皆由微塵細土建構而成，也就是明心見性，見證並領悟菩提大道者的正見，透過慈悲之心，尋求解脫的道路，做為太極拳的最佳見證。

後記

2000 年 11 月 13 日，因工作出差前往美國，搭上了新加坡航空 SQ-006 班機，沒想到這「死亡班機」竟造成近百人死亡的空難事件，筆者萬幸只有輕度灼傷，內心深感「大難不死、必有重任託付」，感恩學習太極拳陪著我恢復生活軌道，也促成日後推廣太極拳的使命！

那晚正逢象神颱風來襲，起飛時因碰撞而翻覆、起火、燃燒，機上充滿黑煙、焦味，然而，機外的狂風驟雨，當下只能搏命一跳 ……。在林口長庚醫院的病房，望著頭頂上焦黑的亂髮，從臉、手到腳有被火紋身的痕跡，全身也有焦黑的炭灰，這是我回憶空難發生時的慘烈景象，即使已成多年往事，每次想起爆炸送醫的過程，依舊歷歷在目。

親身經歷面對死亡的恐懼、痛苦，是以往坐在電視機前觀看災難新聞時無法感受的。在空難事件中，能幸運生還的人不多，只受到輕微的燒燙傷，深感老天讓我活下來，給予人生重新出發的機會，自此便立志將餘生奉獻做更多有利於社會的事，推廣太極拳便是其中之一。

新航事件過後將近三個月，因出差又得再搭飛機出國，記得艙門一關上時，我宛如得了「艙門幽閉症」，只能告訴自己把眼睛閉起來，使呼吸漸漸變慢、變柔、變鬆，直到空服員送上餐點時，才緩緩張開眼睛，那一次回國之後，為了克服搭機的恐懼，更積極投入練習太極拳，從中體會修心的真諦。

空難後，依新航的安排看醫生做心理復健，最終感受到要走出內心創傷的陰影只有靠自己，否則這股悲傷的情境負面能量將一直揮之不去。走進大自然與同伴們練習太極拳，藉由群體力量的學習氛圍，從言語上加油到精神上的打氣，在山林中沉浸在太極世界裡，面對蟲鳴鳥叫加上滿滿的芬多精，與同好交換意見及心得，一點一滴調整心境、恢復體力 ... 巧遇見太極，生命更加精彩可期！

『傳統楊氏太極拳』八十五式

21 左摟膝拗步　　22 海底針　　　　23 閃通背　　　　24

32 轉身左蹬腳　　33 左摟膝拗步　　33.1 右摟膝拗步　　34 進步

鞭　　　　30 高探馬　　　31 右分腳　　　31.1 左分腳

蹬腳　　44 進步搬攔捶　　45 如封似閉　　46 十字手

『傳統楊氏太極拳』八十五式

60 斜飛式　　61 提手上勢　　61–62 馬步靠　　62 白鶴亮翅

73 十字腿　　　74 進步指襠捶　　75 上步攬雀尾右掤　　　75

69 單鞭　　　70 雲手　　　71 單鞭　　72 高探馬帶穿掌

步搬攔捶　　　83 如封似閉　　　84 十字手　　85 收勢(合太極)

國家圖書館出版品預行編目

巧遇見太極 / 于祿雲著. -- 臺北市：致出版,
  2020.01
    面； 公分
  ISBN 978-986-98410-3-0(平裝)

  1.太極拳

528.972   108021474

巧遇見太極

作　　者／于祿雲
出版策劃／致出版
製作銷售／秀威資訊科技股份有限公司
　　　　　114 台北市內湖區瑞光路76巷69號2樓
　　　　　電話：+886-2-2796-3638
　　　　　傳真：+886-2-2796-1377
網路訂購／秀威書店：https://store.showwe.tw
　　　　　博客來網路書店：http://www.books.com.tw
　　　　　三民網路書店：http://www.m.sanmin.com.tw
　　　　　金石堂網路書店：http://www.kingstone.com.tw
　　　　　讀冊生活：http://www.taaze.tw

出版日期／2020年1月　　　定價／350元

致 出 版   向出版者致敬